Viagem da Cabeça ao Coração

AO LONGO DO CAMINHO BUDISTA

Ringu Tulku Rinpoche

Compilado e editado por Mary Heneghan.

Tradução portuguesa de Maria José Cunha.

Publicado pela primeira vez em 2013 por
BODHICHARYA PUBLICATIONS
Bodhicharya Publications é uma "Comunity Interest Company", registada no Reino Unido.
38 Moreland Avenue, Hereford, HR1 1BN, UK
www.bodhicharya.org Email: publications@bodhicharya.org
Em Portugal: www.bodhicharyaportugal.org Email: publicacoes@bodhicharyaportugal.org

©Bodhicharya Publications 2013

Ringu Tulku reserva-se o direito moral de ser identificado como o autor deste livro.
Por favor, não reproduza qualquer parte deste livro sem autorização do editor.

ISBN 978-1-915725-16-5
Compilado e editado por Mary Heneghan.
Tradução portuguesa de Maria José Cunha, 2023.

Ensinamentos originais:

Ensinamento público: *Passos intrépidos em direção ao destemor* . Londres, Maio de 2006. Gravado por Bernie Hartley. Transcrito e editado por Mary Heneghan.

Palestra pública: *O Coração Inteligente – criando felicidade na nossa vida*. Friends Meeting House, Oxford, Junho de 2012. Gravado por Jonathan Clewley. Transcrito e editado por Mary Heneghan.

Sessão de perguntas e respostas: Grupo de Tara Branca, Oxford, Junho de 2012. Gravado por Jonathan Clewley. Transcrito e editado por Mary Heneghan.

Ensinamento público: Meditação. Londres, Maio de 2009. Gravado por Bernie Hartley. Transcrito e editado por Mary Heneghan.

A equipa da Bodhicharya Publications para este livro: Tim Barrow; Jonathan Clewley; Annie Dibble; Marita Faaberg; Mary Heneghan; Maria Hündorf-Kaiser; Marion Knight; Alison de Ledesma; Mariette van Lieshout; Pat Little; Eric Masterton; Rachel Moffitt; Jet Mort; Pat Murphy; Paul O'Connor; Minna Stenroos; Claire Trueman; David Tuffield.

Paginação e Design por Paul O'Connor em www.judodesign.com
Imagens da capa: © Yeshe Lhadron, Mandala Garden, Holy Isle, Scotland.
Imagem interior da contracapa: © R.D.Salga, Nepal: www.facebook.com/ExquisiteTibetanArt

Coleção Sabedoria do Coração
Por Ringu Tulku Rinpoche

O Ngöndro
Práticas Preliminares do Mahamudra

De Leite a Iogurte
Uma receita para viver e morrer

Como Sonhos e Nuvens
Vacuidade e Interdependência, Mahamudra e Dzogchen

Lidando com as Emoções
Dissipando as Nuvens

Viagem da Cabeça ao Coração
Ao Longo do Caminho Budista

Cavalgando Ondas de Tormenta
Vitória sobre os Maras

Purificando-se
A Prática de Vajrasattva

Fulgor do Coração
Bondade, Compaixão e Bodhicitta

Enfrentar os desafios
Imperturbável nos altos e baixos da vida

Índice

Prefácio do Editor	xiii

MEDO, SOFRIMENTO E FELICIDADE — 1

O que é o sofrimento?	5
Destemor e paz	9
Felicidade	13
As causas do sofrimento	17
Karma	21
Medo	25
Como pôr termo ao sofrimento	29
Presença consciente	31
Tomar refúgio	33
Porque meditar?	37
Trazendo o corpo para o assento	41
Trazendo tranquilidade à mente	45

A ATIVIDADE DO BODHISATTVA — 49

O que é um Bodhisattva?	51
A maneira correta de ver as coisas	55
Disciplina	59
Cultivar uma boa árvore de fruto	61
Fazer da prática um passatempo	65
O sofrimento, em si mesmo, não acaba com o sofrimento	69
Saber estar com os problemas	73
O que fazer quando nos sentimos magoados?	75

A generosidade interior	79
Precisamos de sofrer para progredir?	83
O esforço na meditação	87
Mérito	89

OS MEIOS HÁBEIS DO VAJRAYANA 91

A nossa verdadeira natureza	93
Verdade e conceitos	95
Trabalhando a um nível experiencial	99
Usando o resultado como caminho	103
Um amigo desconhecido	105
Todos estão incluídos	107
Usar um mantra	109
A relação mestre-discípulo	113

TARA, UM EXEMPLO 115

Tara	117
As imagens de Tara Branca	121
Enfrentar o sofrimento	123
O verdadeiro objetivo da meditação	127
A Verdadeira Prática	129

Dedicatória	133
Glossário e Notas	135
Agradecimentos	145
Sobre o autor	147

É nos dias que nós vivemos.

Prefácio do Editor

A ideia deste livro surgiu de termos reparado que os livros do tipo um "Pensamento para cada dia" são muito úteis para as pessoas. E assim, estendemos o conceito para *ensinamento* – um Ensinamento para cada dia. Embora haja aqui um tema que se vai desenvolvendo ao longo do livro, cada capítulo está pensado para ser uma leitura específica, suficientemente concisa para nos inspirar no quotidiano.

    O ensinamento budista é vasto e profundo, detalhado e elaborado de muitas formas. Há, contudo, temas centrais que são transversais a todo o Budadharma. Por vezes envolvidos na nossa vida quotidiana não temos a possibilidade de estudar em profundidade os grandes volumes de ensinamentos, nem sequer de ler livros mais pequenos. Nesta situação o que importa é lembrarmo-nos da essência do Dharma e conservá-lo na mira da nossa mente, enquanto vivemos a nossa vida. O Dharma vivo é, afinal, o que aplicamos à nossa vida e expressamos enquanto vivemos.

    Os ensinamentos de Ringu Tulku trazem, das profundezas do Budadharma, temas comuns e fundamentais. Compilámos, de vários ensinamentos seus, este conjunto de pequenas reflexões. A nossa principal fonte foi um conjunto de ensinamentos que Ringu Tulku deu em Londres, em Maio de 2006, chamado *Passos intrépidos em direção ao destemor*. Ringu Tulku ensinou sobre as práticas dos três principais veículos do Budismo, Sravakayana, Mahayana ou Bodhisattvayana, e Vajrayana. Foi daí que estes excertos foram retirados, salvo quando existe alguma outra menção.

    Outras fontes incluem um ensinamento público dado em Londres em Maio de 2009 sobre a *Meditação* e uma sessão de perguntas e respostas, realizada com o Grupo de Tara Branca, bem como uma palestra pública que ocorreram em Oxford em Junho de 2012. O Grupo de Tara Branca é um grupo de prática que se reúne mensalmente em

Oxford para escutar as gravações dos ensinamentos de Ringu Tulku, discuti-los e praticar meditação em grupo. Durante as nossas discussões falamos do que mais nos chamou à atenção, examinando o significado que tem para nós e como se relaciona com a nossa própria experiência de vida. Depois de escutarmos os *Passos Intrépidos em Direção ao Destemor*, acima mencionados, escolhemos extratos das palavras de Ringu Tulku e incluímo-los aqui, baseando-nos naquilo que o grupo achou mais útil.

A própria Tara Branca, da qual deriva o nome do grupo, é uma personificação feminina da iluminação. Ela personifica as qualidades de compaixão e sabedoria perfeitamente iluminadas, as quais se manifestam em todos os que estão totalmente despertos e iluminados. Neste contexto, as bênçãos particulares que ela manifesta são a longevidade, a saúde e a sabedoria da visão clara. Neste volume, Ringu Tulku fala mais extensamente de Tara pois diz-se que Tara Branca protege o estudo e a prática do Dharma e propicia as condições que os suportam, razão pela qual colocámos o grupo de Oxford sob a sua proteção. Há neste livro uma secção sobre Tara que exemplifica como a divindade pode ser usada na prática Budista.

Mais informações sobre os tópicos abordados nestes excertos dos ensinamentos de Ringu Tulku podem ser encontradas em alguns outros livros seus, como por exemplo, a detalhada explicação sobre os três veículos do Budismo que se encontra no seu livro *Passos Destemidos*, editado por Rosemarie Fuchs. As séries do Lama Preguiçoso dedicam-se a tópicos específicos, como *Meditação, Tomar Refúgio*, e *as Quatro Nobres Verdades*; de uma forma simples e direta. As séries da Sabedoria do Coração focam-se mais de perto sobre vários tópicos. Mais sobre a filosofia da Vacuidade e Interdependência encontra-se em *Como Sonhos e Nuvens*, e um guião, passo a passo, sobre como *Lidar com as Emoções* encontra-se no livro com esse nome da série Sabedoria do Coração. As palestras sobre a Morte e o Morrer, Reencarnação e Trabalhando com um Mestre Espiritual foram retomadas no livro *De Leite e iogurte*; e instruções sobre as práticas de fundação do Vajrayana, encontram-se no livro *Ngöndro*, ambos da Série Sabedoria do Coração.

Esperamos que apreciem a leitura e que estes ensinamentos vos inspirem muitos dias. E que assim, eles se espalhem mais e mais, ajudando todos os seres nos seus percursos.

Mary Heneghan
Bodhicharya Publications
Oxford, Fevereiro de 2013

Possam todos os seres serem felizes e terem as causas da felicidade.
Possam eles estar livres do sofrimento e de todas as causas de sofrimento.
Possam eles nunca estarem separados da grande felicidade, livre de qualquer sofrimento.
E possam eles viver numa grande paz natural,
Livre de apego e de aversão.

Medo, sofrimento e felicidade

Buda Ensinou Quatro Nobres Verdades:

Existe sofrimento.
Existe uma causa para o sofrimento.
Existe a cessação do sofrimento
E existe um caminho para a cessação do sofrimento.

Depois disse:
Existe sofrimento que tem de ser reconhecido.
Existe uma causa para o sofrimento que tem de ser eliminada.
Existe a cessação do sofrimento que deve ser alcançada.
Existe um caminho para a cessação do sofrimento que deve ser praticado.

E disse ainda:
Existe sofrimento que tem de ser reconhecido,
mas não há nada para reconhecer.
Existe uma causa para o sofrimento, que tem de ser eliminada,
mas não há nada para eliminar.
Existe a cessação do sofrimento que deve ser alcançada,
mas não há nada para alcançar.
Existe um caminho para a cessação do sofrimento que deve ser praticado,
mas não há nada para praticar.[vi]

O sofrimento baseia-se no medo: O medo da dor é o que habitualmente chamamos "sofrimento do sofrimento". O medo da mudança é "o sofrimento da mudança" e o medo da incerteza é o mesmo que o "sofrimento omnipresente".

O que é o sofrimento?

Quando falamos de sofrimento ou de felicidade, penso que é bom mencionar a base daquilo que queremos dizer com sofrimento e felicidade. Quando Buda deixou o seu reino, a mulher e o filho, não foi porque não os amava ou se preocupava com eles. Foi porque compreendera que os seres humanos tinham muitos problemas, sofrimentos e dificuldades e que era algo que eles não queriam, algo de que não gostavam. O que eles desejavam era estar livres desses problemas e dessas dificuldades.

Alguns dos sofrimentos de que nos queremos libertar são sofrimentos emocionais. Outros são mais o que poderemos chamar de dificuldades físicas como a velhice, a doença e a morte. Outros ainda consistem em sermos confrontados com o que não queremos e em não ter o que queremos. Buda interrogou-se então se havia uma solução, uma maneira de nos libertarmos destes problemas. Foi isto que o decidiu ir à descoberta. A procura do Dharma foi literalmente a procura do fim do sofrimento. A procura de uma felicidade que perdurasse, uma felicidade isenta de sofrimento.

Sinto por vezes, quando falo deste tipo de felicidade, ou seja, da ausência de sofrimento, que se trata mais de uma ausência de medo. No Budismo fala-se destes três sofrimentos que a maior parte das pessoas no mundo samsárico sente. Os três são tradicionalmente referidos como:

- O sofrimento do sofrimento
- O sofrimento da mudança
- O sofrimento omnipresente

Quando nos debruçamos sobre o verdadeiro significado destes três tipos de sofrimento e pensamos sobre o que na verdade eles são, parece-nos que o sofrimento do sofrimento é como o sofrimento causado pela dor. Isto inclui adoecer, ter dor, perder algo que se ama ou não conseguir aquilo de que se gosta. O sofrimento da mudança acontece quando, ainda que as coisas estejam bem nesse momento, não estamos felizes porque receamos perdê-las. Na verdade, quando olhamos mais profundamente para estes sofrimentos eles são realmente três medos:

- O *medo da dor* é o sofrimento do sofrimento
- O *medo da mudança* é o sofrimento da mudança
- O *medo da incerteza* é o sofrimento omnipresente

A incerteza é não sabermos o que nos vai acontecer. Não sabermos se há alguma coisa à qual nos possamos agarrar. Muitas pessoas, na verdade, quase toda a gente tem este medo. Pode não estar expresso de uma maneira óbvia, mas bem lá no fundo todos o temos. Temos este medo porque não há nada que verdadeiramente possamos garantir para o futuro. Logo, receamos.

A estes três medos chamamos samsara. Se não conseguirmos fazer alguma coisa em relação a estes três medos não poderemos ser totalmente felizes, ter paz de espírito e nunca poderemos estar totalmente satisfeitos. Portanto a questão é, será possível libertarmo-nos destes medos e encontrar uma paz verdadeira e duradoura?[i]

A solução não vem de resolvermos todos os problemas à nossa volta. Vem de aprendermos a lidar com eles a partir do interior – aprender a sentirmo-nos em paz e felizes, mesmo quando continuam a surgir problemas na nossa vida.

Destemor e paz

A nós, seres humanos, o medo traz-nos muito sofrimento. Quando falo de medo e destemor temos de ver com clareza o que isso quer dizer. Não me refiro ao tipo de bravura em que se diz "Sou tão corajoso que não receio nada". Um tipo de bravura gabarola. Por vezes os jovens - mas também os velhos - têm esta atitude de achar que não têm medo de nada. Eu sou do Tibete Oriental e lá as pessoas têm muito esta atitude. Por vezes gabam-se, dizendo que mesmo que as agridam não recuam nem fogem. Desejam mostrar que não têm medo. Contudo esse é um tipo de bravura muito tolo e não é isso que queremos aqui.

Aquilo de que estou a falar é uma bravura que surge da profunda convicção de que não há necessidade de ter medo. Trata-se de ter uma verdadeira e profunda compreensão de que não é preciso recear seja o que for. Quando experimentamos esse tipo de compreensão, tornamo-nos livres. É por isso que o destemor, do ponto de vista Budista, é uma das coisas mais importantes de que falamos.

Por vezes Buda é descrito em termos dos Quatro Destemores. Ele tem uma confiança total, uma lucidez completa e possui uma certeza absoluta acerca das coisas – o que faz com que não haja mais dúvidas ou receios. Quando ocorre este tipo de compreensão profunda, não apenas uma mera compreensão intelectual, mas uma verdadeira experiência, então atingiu-se um alto nível de realização. Ela traz consigo uma grande liberdade e a maior paz de espírito que alguém pode ter.

Do ponto de vista Budista, o principal objetivo da vida é que cada um de nós aprenda a ter paz interior e a criar paz à nossa volta. Se conseguirmos realizar isto, então teremos feito algo verdadeiramente bom para nós e para o mundo.

Preciso referir também o que a palavra paz significa para mim, pois as pessoas têm diferentes conceitos do que é a paz. Um dia eu estava algures a falar sobre paz e alguém disse: "Paz? Que coisa aborrecida!" Foi uma incompreensão do que eu queria dizer. Por vezes as pessoas acham que a paz é como um vazio de acontecimentos, de emoções ou de coisas interessantes. Não é a isso que me refiro. Aqui, paz é a ausência de conflito, de perturbação interior. O resultado desta paz é deixar-nos tranquilos, estáveis, sem perturbações nem angústia. Poder-se-á dizer que nos sentimos *satisfeitos*. Sentimo-nos equilibrados e em harmonia com nós mesmos e, por isso, estamos satisfeitos e em harmonia connosco e com os outros.

Nesta paz não há perturbação e, portanto, não há medo, nem angústia, nem qualquer grande e insolúvel problema. Não há o menor problema. Isto é algo que eu acho muito importante que se compreenda. A solução não vem de resolvermos todos os problemas à nossa volta, mas de saber como lidar interiormente com eles. Sabermos como nos sentirmos em paz, felizes e bem *mesmo quando* diversos problemas estão a ocorrer na nossa vida. Pois se esperarmos até resolver todos os nossos problemas para depois termos paz, isso não acontecerá nunca. É por isso que se torna extremamente importante ter esta compreensão.

Os problemas continuam a surgir, nunca param. Não me posso permitir esperar até que todos os problemas estejam resolvidos para depois trazer a paz ao meu coração. Tenho de conseguir essa paz enquanto ainda há problemas a acontecerem. Alguns desses problemas nós podemos resolver, outros levarão tempo a serem resolvidos, outros ainda nunca se resolverão. Temos, contudo, de ter paz interior em qualquer situação ou nunca teremos o nosso coração em paz. É esta a interpretação.

Quando surge essa paz ela não é inerte ou uma paz em que nada acontece. Paz, neste sentido, significa que podemos continuar a estar muito ativos. Muitas coisas podem estar a acontecer e, ainda que ativos, continuamos a sentir paz interior. Geralmente quando se tem paz de espírito também se tem alegria. Estão juntas. Quanto mais paz houver no nosso coração e na nossa experiência, mais sentiremos uma grande felicidade e uma imensa alegria, e quanto mais alegria tivermos, mais o nosso coração será caloroso. A paz traz, não só satisfação e felicidade, mas também mais bondade para com os outros. Uma mente em paz consegue ser mais bondosa e calorosa, mais predisposta a ajudar e a estar à disposição dos outros. É assim que surge a compaixão, como um subproduto da paz.

Quanto mais sentirmos esta paz mais destemidos seremos, pois não há necessidade de termos medo. Assim o que acontece é que quanto mais conseguirmos desenvolver ambos dentro de nós, melhor, pois ao tornarmo-nos mais bondosos, também nos tornamos mais alegres. E, porque a nossa mente fica satisfeita e imperturbável, fica também muito mais atenta e tranquila e, isto, permite que se torne muito mais criativa. Quanto mais paz tivermos mais criativos seremos.

Quando consigo abrir mão de qualquer experiência que surja, as boas e as não tão boas, exatamente da mesma maneira, então seja qual for a experiência que surja eu fico bem. Quando tiver aprendido isto plenamente, tenho a confiança de que o que quer que aconteça está bem. Quando tiver essa confiança terei paz de espírito. Terei perdido todo o medo.

Felicidade

Pergunta: Parece-me que se fala muito de sofrimento no Budismo. De todos os tipos de sofrimento e da quantidade de esforço que temos de fazer, em todos os sentidos, a fim de ultrapassar este sofrimento. Pode em vez disso falar-nos de felicidade?

Rinpoche: Felicidade? Então o que é a felicidade? Penso que temos de mencionar o sofrimento para podermos responder a essa pergunta, além disso acho que não tenho falado senão de felicidade! Penso que a felicidade é essencialmente a ausência de sofrimento, mas é mais que isso. É paz.

A verdadeira felicidade, que é suposto advir da prática da meditação, não é o oposto da infelicidade. A verdadeira felicidade surge quando se vai para além da felicidade e da infelicidade. Vejamos o que isto significa. É por isso que a meditação é tão importante.

Tanto a felicidade como a infelicidade são experiências. A experiência pode ser algo como vermos uma coisa de que não gostamos ou então, termos algo que não é bom. Experimentamos esta sensação ou este pensamento e, se acharmos que não é bom, não o queremos e isto é infelicidade. Também podemos pensar que uma coisa é muito agradável e por isso queremos experimentá-la, mas se não conseguirmos é mau. Isto também é infelicidade. Posso até ter um pouco do que desejo, mas ter medo de o perder, de que desapareça. Tenho medo do estado de infelicidade. A nossa maneira de reagir é sempre muito medrosa. Há muito medo e aversão no modo como geralmente reagimos.

Tudo depende de como experimentamos a vida. Quando experimento algo desagradável, se puder experimentá-lo muito profundamente como sendo desagradável, mas momentâneo, como uma manifestação da minha mente, então posso descontrair dentro da experiência em si. Verifico que a experiência surge e depois desaparece. Não há qualquer experiência que permaneça sempre igual. Ela pode repetir-se muitas vezes, mas nunca é a mesma.

Quando consigo ter a experiência profunda de um pensamento, emoção ou sentimento surgirem, eu conseguir descontrair dentro dele e ele acabar por desaparecer, aí eu ganho um pouco mais de confiança. "Bom, este momento de infelicidade, de dor ou este problema posso deixá-lo vir e deixá-lo ir." Não é nada demais. Posso fazê-lo por um instante, posso fazê-lo por dois instantes e gradualmente vou criando confiança.

Então, quando ocorre uma experiência agradável, posso fazer o mesmo. Vem, é muito agradável, é muito boa para mim, mas quando desaparece, também não há problema. Posso deixá-la vir e deixá-la ir. Quando sou capaz de fazer isto, com uma experiência agradável ou com uma não tão agradável, qualquer que seja a experiência está sempre tudo bem para mim. Quando aprendo a fazer isto de forma muito profunda, posso ter a confiança de que, seja o que for que aconteça, eu estarei bem. Se tiver esta confiança tenho paz de espírito. Sou intrépido.

Isto é a felicidade porque desta maneira podemos transcender as boas e as más sensações. Fora disto, nunca se consegue uma verdadeira felicidade ou paz, pois se acontece alguma coisa boa dizemos: "Oh que bom! Neste momento estou numa boa situação, mas... oxalá não desapareça!" Já estamos com receio. Estas sensações não significam necessariamente que a situação desapareça, mas sim, que já estamos com medo de que ela desapareça. Por muita felicidade e entusiasmo que tenhamos, as coisas vão mudar e nós sabemos disso. É por essa razão que não estamos totalmente satisfeitos, não estamos completamente felizes porque temos medo. E isso é o que se pode chamar de medo justificado. Não alcançámos a verdadeira felicidade. Até podemos ter uma pequena experiência agradável, mas não é uma verdadeira felicidade.

É por isso que eu digo que o treino no Budismo é aprender como experimentar, aprender a experimentar de uma maneira que, aconteça o que acontecer, esteja sempre tudo bem para mim. O que quer que surja, deixamos que venha e deixamos que vá. Quando essa compreensão se tornar muito profunda, não meramente intelectual mas experiencial, nessa altura teremos aprendido a ser.

Isto não é necessariamente muito difícil para toda a gente. Pode até ser fácil para alguns. Algumas pessoas parecem ser capazes de fazer isto muito rapidamente. Houve grandes seres que foram capazes de compreender tudo isto num ápice. Não significa que todos tenham que trabalhar por muito tempo. É como aprender qualquer outra coisa. Diz-se que, se tiverem a atitude correta, podem aprender muito rapidamente.

Quando diminuímos o ódio, a ganância e a ignorância, a vida transforma-se para nós, na nossa experiência, mas também no mundo exterior.

As causas do sofrimento

Buda disse que as principais causas de sofrimento são as Klesha e o Karma. Estas são duas palavras Sânscritas. Há uma palavra em Inglês para klesha, mas não há outra palavra para karma. É muito difícil de traduzir e por isso os ingleses adotaram a palavra karma e puseram-na no seu dicionário.

Klesha tem sido por vezes traduzida como "emoções perturbadoras" e outras vezes como "venenos mentais". Eu gosto da tradução "venenos mentais". Parece-me correto. Estamos aqui a falar basicamente de três coisas que são a aversão, o apego e a ignorância. Diz-se que estas são as principais emoções perturbadoras ou venenos mentais. Um dos problemas de se usar a tradução "emoções perturbadoras" é que as pessoas habitualmente não veem a ignorância como uma emoção, mas aqui consideramo-la como tal.

A ignorância de que aqui falamos não é apenas "não ter alguma informação". Esta ignorância refere-se a um estado mental confuso. É uma experiência, e não apenas uma ausência de conhecimento. Aqui, ignorância é uma falta de clareza mental, uma perceção errada de como as coisas são, incluindo o que nós próprios somos. Está aqui incluída como um tipo de emoção. Quando falamos sobre os venenos da mente, estas três emoções são as principais a serem explicadas pois estão na raiz de todos os problemas.

Temos situações extremas como, por exemplo, a guerra que destrói a paz e gera sofrimento e destruição para muitas pessoas, incluindo pessoas de ambos os lados do conflito. Mas, se olharmos para o que provoca a guerra, é fácil ver que há três grandes causas. Uma é o ódio – se não houvesse ódio não haveria guerra. A maior parte das guerras são criadas pelo ódio, mas não só pelo ódio. Muitas guerras são provocadas pela ganância. A ganância é outra das principais causas da guerra. Por vezes, também se fazem guerras por ignorância, por falta de compreensão, por falta de boas diretrizes. As pessoas criam desentendimentos, dão falsas informações ou têm uma maneira errada de ver o outro povo. E isso gera o medo que, por sua vez, gera a guerra e os conflitos.

A guerra é um fenómeno em larga escala, algo que todos podemos ver. Este tipo de evento ocorre a nível nacional, mas estas mesmas causas também criam conflitos na nossa vida e na nossa família. A maior parte dos problemas da vida que são criados pelos seres humanos, quer seja na família, nos relacionamentos ou no país, são claramente consequências destes três fatores principais: aversão, apego e ignorância.

Logo, se pudermos minorar o ódio, a ganância e a ignorância, a vida transforma-se para nós, na nossa experiência, mas também no mundo exterior. Estas são consideradas as causas mais importantes e básicas dos problemas. É o nosso estado de espírito e o nosso estado emocional que são as causas fundamentais de todos os problemas. Então como podemos libertarmo-nos disto? Como podemos mudar a situação?

Não podemos mudar a situação de um momento para o outro com uma declaração. Podíamos declarar que daqui em diante ninguém mais voltaria a magoar outra pessoa. Mas isso não mudaria nada. A única forma de trabalhar sobre isso é individualmente e passo a passo.

Não é algo que possa ser feito em Londres ou em qualquer outro lugar, através de uma declaração do tipo, "De hoje em diante não haverá mais ódio, ganância, ignorância…" Seria bom que assim pudesse ser, mas não estamos a lidar com algo desse tipo. Não é uma coisa que possa ser feita facilmente, mesmo que a queiramos fazer. Mesmo que eu não queira ter ódio, ganância e ignorância não posso apenas desejá-lo. Está muito profundamente enraizado em mim. Tornou-se numa tendência habitual e é a isso que chamamos karma.

As causas do sofrimento

O meu futuro é feito agora. O meu futuro não foi feito no passado; o meu futuro está a ser feito agora. O meu presente foi feito no passado. Se eu permitir ao meu presente continuar pelo mesmo caminho, sem nada alterar, estarei a deixar o passado ditar também o meu futuro.

Karma

Karma é uma forma de reagir, é a forma de funcionar do nosso estado de espírito. Ele está, e tem estado, sempre em ação. Temos feito o que fazemos sempre. Temos reagido com estes venenos mentais, com raiva, com ganância e com ignorância. Isto acontece não apenas ao nível da mente consciente, mas também a um nível muito profundo, no subconsciente ou no inconsciente. Por isso, nós reagimos desta maneira e ela torna-se na nossa tendência habitual. Torna-se *eu* e, por conseguinte, continuamos a reagir desse modo e a ver as coisas desse ponto de vista.

Isto é o karma, o nosso habitual modo de ser, algo que está enraizado em nós. Por isso, do ponto de vista Budista, o que somos agora é o nosso karma.

Do ponto de vista Budista é muito importante que o karma não seja considerado como castigo ou prémio. Não se trata de as coisas serem "culpa" nossa. E também não é que se fizermos uma coisa boa seremos recompensados ou que se fizermos uma coisa má seremos castigados. Não é isso. Trata-se de causas e efeitos. O karma é habitualmente descrito desta maneira:

Se adoecer, porque adoeci? Pode ser porque...

1. Comi demais.
2. Não fiz exercício nos últimos dez anos.
3. Tenho comido grandes sobremesas todos os dias nos últimos dezasseis anos.

Por isso fiquei doente. Não foi um castigo. Apenas criei as circunstâncias que me fizeram ficar doente. Não é um castigo. É causa e efeito.

Mas, agora que estou doente, o que posso fazer? Não posso dizer: "Fiquei doente porque é o meu karma. E pronto!" O que posso fazer agora é encontrar um bom médico e pedir-lhe conselho. Até talvez possa estudar e descobrir o que fazer. Talvez deva fazer mais exercício ou reduzir um pouco as sobremesas. Talvez deva tomar alguns remédios ou algo parecido. Se fizer estas coisas muito provavelmente ficarei melhor. Esta é a compreensão da causa-efeito, do karma.

A palavra karma significa ação. Refere-se ao poder da ação. Significa que o que eu faço tem consequências. Esta responsabilidade é muito importante. A forma como atuo faz uma grande diferença, que pode não ser importante para os outros, mas que é essencial para mim. Se estamos totalmente envolvidos e absorvidos em atividades e sentimentos de ódio, ganância e ignorância, isso apenas nos traz problemas. Criamos problemas para nós e para os outros. Por isso temos de fazer algo para nos libertarmos desta maneira de reagir. Se formos capazes de o fazer, podemos tornar-nos melhores, como indivíduos e como sociedade.

O medo é algo com que nascemos. É um hábito, uma tendência habitual, uma forma de reagirmos. Portanto podemos fazer alguma coisa em relação a isso, aprendendo a relaxar e a mudar a nossa atitude para com a ele.

Medo

Pergunta: Pode dizer-nos alguma coisa sobre o medo que não seja apenas do ponto de vista Budista? Como por exemplo, de onde vem? Herdamo-lo?

Rinpoche: De onde vem o medo? É uma maneira de reagir, mas para explicar mais eu tenho de me virar para o Budismo. Quando se pergunta *porque* uma coisa é de certa maneira, como *O que é o medo e de onde vem?* – temos de falar da teoria que temos acerca disso. Ora, uma teoria tem por trás uma filosofia.

No Budismo pensa-se que o medo surge por causa de duas coisas. Primeiro vemos qualquer coisa agradável, começamos a gostar dela, a querê-la. Isto pode ser um objeto ou uma experiência. Depois tentamos alcançá-la de forma direta ou subtil. Nessa altura temos medo de não a conseguirmos obter. Quando a obtemos começamos a recear perdê-la até a perdermos! Então surge o problema da dor da perda. É isto que se passa em relação às coisas agradáveis.

Por outro lado, se acharmos que algo não é agradável, que é mau ou que provoca uma experiência desagradável, queremo-nos livrar disso. Tentamos fugir. Temos medo de não conseguirmos livrar-nos disso. Mas, mesmo que consigamos, não acaba aqui, pois o medo pode voltar! Temos então medo de que volte e temo-lo até que aquilo de que não gostamos volte. O medo é algo inerente à nossa reação. Se reagirmos com aversão ou apego, teremos sempre medo.

Temos de aprender a libertar-nos deste medo e a transcendê-lo em profundidade. Isto quer dizer que temos de aprender a modificar a nossa maneira de reagir com aversão ou com apego. Isto é tudo o que estamos a tentar aprender. Claro que o podemos fazer de muitas maneiras.

Podemos, por exemplo, usar a nossa atitude. Às vezes temos um medo específico, como por exemplo o medo de voar. Medos específicos vêm frequentemente de um certo trauma ou de uma experiência passada, mas o mais importante é compreendermos que o medo não é uma solução. Mesmo que tenhamos muito medo de alguma coisa, o medo em si não nos ajuda. Podemos tremer e transpirar de medo, que isso em nada vai mudar o que está a acontecer. Temos de perceber que, por muito que tenhamos medo ou nos preocupemos, nada vai mudar. É uma perda de tempo, não tem qualquer utilidade.

Há um ditado que diz: "O cobarde morre cem vezes num dia. O valente morre uma vez na vida". Isto tem a ver com a nossa atitude. Entrar em pânico não serve de nada. É muito melhor pensar: "Sim, tenho medo de algo. Tenho medo de ficar doente ou de morrer. Mas, se ficar doente, fico." Por muito que receie, não faz qualquer diferença. Não quer dizer que não deva cuidar de mim. Devo fazer exercício, comer bem e tomar os medicamentos de que preciso. Devo fazer tudo o que estiver ao meu alcance para não ficar doente desnecessariamente. Mas ter medo não resolve nada. Quando fico doente, nessa altura tenho de lidar com a situação, quer goste, quer não. Mas não tenho de estar constantemente a temê-la.

Pergunta: Nascemos com medo?

Rinpoche: Sim, nós nascemos com medo. Todos nascemos com medo.

Pergunta: Então o medo não é apenas algo imaginário?

Rinpoche: Sim, também é a nossa imaginação. É com isso que nascemos. O medo é um hábito. Chamamos-lhe uma tendência habitual. É uma forma de reagir e por isso podemos fazer alguma coisa acerca dele, aprendendo a descontrair e a mudar a nossa atitude perante ele. Esta é uma das maneiras de lidar com ele, a um nível superficial. Contudo se realmente quisermos ver-nos livre do medo, teremos de mudar a maneira como o experimentamos.

A nossa verdadeira natureza é paz e bondade, compaixão e alegria. Esta é a verdadeira natureza da nossa mente. Logo, é possível reencontrá-la e experimentar as coisas desta maneira.

Como pôr termo ao sofrimento

A terceira das "Quatro Nobres Verdades" é a verdade da cessação e é extremamente importante. Dissemos que o karma e as kleshas são as causas dos nossos problemas. Se estas causas não pudessem ser curadas e alteradas, nunca poderíamos libertar-nos dos problemas, da dor e do sofrimento. Se fosse a nossa natureza fundamental que nos fizesse reagir assim, se tivéssemos sido sempre assim e para sempre fossemos assim, nada se poderia fazer. Contudo, do ponto de vista Budista, *existe* a possibilidade de nos libertarmos desta forma de reação.

Esta é a principal afirmação de Buda, a sua maior promessa ou declaração. Este estado pode ser mudado. A principal razão para tal, é o facto da nossa natureza não ser essa. Ela não contém emoções como a aversão e o apego, o ódio, a ganância e a ignorância. Essa não é a nossa verdadeira natureza. A nossa natureza é, na verdade, paz e bondade, compaixão e alegria. Essa é a natureza da nossa mente e, portanto, é possível alcançá-la. É possível encontrar uma maneira de experimentar as coisas deste modo.

O exemplo que tradicionalmente se dá é o da água. Buda deu este exemplo desde o início. Disse que, por muito que a água esteja suja, pode sempre ser limpa. Pode tornar-se de novo pura porque a sua natureza não é a sujidade. A sujidade é algo que lhe é acrescentado, logo, que pode ser removido. Se a natureza da água fosse sujidade, ela nunca poderia estar limpa, mas a sua natureza não é essa e, portanto, pode libertar-se da sujidade.

Do mesmo modo, a verdadeira natureza da mente não é o ódio, a ganância e a ignorância ou este tipo de coisas. É clareza. A verdadeira natureza da nossa mente é basicamente clara. É estado de presença e limpidez. É pacífica. É bondosa. É alegre. Portanto, isto pode ser desenvolvido e as coisas negativas podem ser removidas. Se isto for feito, então nós mudamos, transformamo-nos radicalmente. Transformamo-nos para melhor. E, ao final, podemos tornar-nos iluminados, podemos tornar-nos Budas.

Temos de trabalhar nas nossas reações, nas nossas emoções e nas nossas tendências habituais. A presença consciente permite-nos perceber o que está a acontecer. Assim podemos aplicar quaisquer técnicas ou métodos que tenhamos aprendido. É o instrumento através do qual praticamos.

Presença consciente

Diz-se que a presença consciente é o único instrumento que temos para praticar. Seja qual for a prática que façamos, só podemos trabalhar sobre nós através da presença consciente. Presença consciente significa estar consciente. Estar consciente do que se está a passar *e* estar consciente do que deveríamos estar a fazer. É uma forma de recordação, não do passado, mas sim do que está a acontecer e em que situação nos encontramos agora.

A presença consciente é extremamente importante porque é através dela que nos transformamos e trabalhamos sobre nós mesmos. Se nos encontrarmos a fazer algo que sabemos que é errado, primeiro precisamos de ter consciência disso e só então podemos perceber que não é bom para nós nem para os outros. Depois, podemos perguntar-nos o que fazer em vez disso, para não continuarmos a repetir o mesmo erro. Nesse momento talvez pensemos: "Tenho tanta vontade de o fazer que desta vez não resisto, mas da próxima não faço mais." Ou então pensamos: "Bom, realmente não é preciso fazer isto" e desistimos.

A presença consciente inclui não só as nossas ações, mas também as nossas reações. Seja qual for a forma como reagimos, emocionalmente, ou de forma física, verbal ou mental. A nossa presença consciente observa as nossas reações, permitindo-nos perceber que não há necessidade de reagirmos desse modo. Por exemplo, se reagirmos com raiva ou de outro modo negativo, percebemos que isso não é bom, nem para nós nem para os outros. Quando nos apercebemos disto e sabemos, bem lá no fundo, que esta não é uma maneira útil de reagir, podemos relaxar e dizer-nos: "Deixa para lá".

Por isso, a presença consciente é a prática. É o treino e o instrumento da prática. Com a presença consciente podemos trabalhar sobre estas coisas, usando todas as técnicas que conhecemos. Normalmente temos de trabalhar as nossas reações, emoções e tendências habituais. São basicamente estas três coisas. Com a presença consciente descobrimos o que está a acontecer e podemos aplicar todas as técnicas e capacidades que adquirimos. Aplicá-las com a presença consciente. Esta é a prática.

Tomar refúgio é tomar uma decisão. É encontrar um objetivo e um caminho. O objetivo é querermos libertar-nos do sofrimento e ajudar os outros a se libertarem também. E decidimos trabalhar para este fim.

Para o fazer, percebemos que precisamos de nos transformarmos. Isto é tomar refúgio no Buda. Tomamos refúgio no Dharma para percebermos como nos transformarmos. E tomamos refúgio na Sangha para aprender com as pessoas que têm experiência no Dharma.

Tomar refúgio

Do ponto de vista Budista, tomar refúgio é uma coisa importante. Mas não se trata apenas da cerimónia, trata-se de tomar uma decisão. Eu costumo dizer que tomar refúgio é encontrar um objetivo e um caminho. O objetivo consiste em encontrar uma maneira de nos libertarmos do sofrimento e que os outros também se possam libertar, mas para o fazer, precisamos de nos transformar.

Tomar refúgio em Buda é essa transformação. É a ideia de que posso e devo transformar-me. Devo transformar-me e devo esforçar-me por isso. Decido que quero transformar-me e manifestar as minhas próprias qualidades inatas de sabedoria, compaixão e paz. Quando é este o meu objetivo preciso de fazer alguma coisa que me permita trabalhar nesse sentido. E isto é tomar refúgio em Buda.

Tomar refúgio em Buda não é pedir-lhe que venha ajudar-me. Tomar refúgio em Buda significa que eu gostaria de manifestar a minha própria Natureza de Buda e reconheço que devo esforçar-me nesse sentido. Tomar a decisão de fazer isto é tomar refúgio em Buda.

Só compreendo que me posso transformar porque existem pessoas que se transformaram. Por isso tomo os Budas do passado como modelos, mestres e fonte de inspiração. Isto também faz parte de tomar refúgio em Buda.

Quando tomo refúgio em Buda também devo tomar refúgio no Dharma. Buda não vai aparecer e salvar-me do sofrimento. Preciso de ser eu a fazê-lo e por isso é necessário tomar refúgio no Dharma. O Dharma são os ensinamentos, é o caminho ou "o mapa" de como me transformar. Quando digo que tomo refúgio, não estou a pedir ao Dharma que me venha salvar. Não é isso. Tenho de compreender o Dharma e usá-lo em mim mesmo. Tenho de seguir a via. Logo, tomar refúgio no Dharma é pensar que gostaria de compreender o Dharma e usá-lo em mim. Esta atitude é tomar refúgio no Dharma.

Em seguida, tomo refúgio na Sangha. A Sangha é composta por pessoas que têm experiência no Dharma, mas não é necessariamente um grupo de pessoas. Sangha pode ser uma ou muitas pessoas. Sangha significa pessoas que têm experiência no Dharma, é por isso que Buda é a mais alta Sangha, pois é ele quem tem a suprema experiência do Dharma. De Buda para baixo, quem quer que tenha mesmo só um pouco da verdadeira experiência de libertação é a Sangha. Por isso, quando falo de tomar refúgio na Sangha, quero dizer que tenho de aprender o Dharma através da Sangha, daqueles que têm a experiência dele.

Portanto, tomar refúgio na Sangha também quer dizer que escolho ser inspirado pela Sangha. Reconheço que tenho de receber uma boa influência e criar uma situação em que possa ser influenciado de maneira positiva. Também tento não ser influenciado de maneira negativa. Tento assim criar este tipo de situação.

Se puder fazer estas três coisas, tomar refúgio no Buda no Dharma e na Sangha, então estou a praticar o Dharma e encontro-me na via. Estou num caminho espiritual. Tomei refúgio. Quem quer que tenha tomado este tipo de decisão, do ponto de vista Budista, já tomou refúgio.

Às vezes também podemos tomar refúgio na presença de um Lama. Não tomamos refúgio *no* Lama, mas *diante* dele. É muito importante perceber isto pois por vezes as pessoas acreditam que estão a tomar refúgio no Lama. Nós tomamos refúgio no Buda, no Dharma e na Sangha perante um Lama e esta é a cerimónia. O Lama é uma testemunha. A partir de então, repetimos o nosso compromisso de refúgio cada dia e cada vez que fazemos uma sessão de prática, de modo a mantermos a inspiração.

Todos queremos ser capazes de fazer o que é bom para nós e para os outros. Mas, para que tal aconteça, precisamos que a nossa mente fique mais calma e não esteja dominada pelas emoções, hábitos e distrações. A meditação é um treino para tornar a nossa mente mais flexível, calma e obediente e também mais fácil de focar onde a queremos focar.

Porque meditar?

A palavra meditação, do ponto de vista Budista Tibetano, tem uma forte conotação de *treino*. Na verdade, vejo o conjunto da prática Budista como um treino, apenas isso. Não é um sistema de crenças porque há diferentes sistemas de crenças dentro do Budismo. E não é uma filosofia pois também há diversas filosofias dentro do Budismo. E também não é um sistema social. É um treino, é treinarmo-nos – e especialmente treinar a mente para moldarmos a nossa personalidade e assim mudarmos e transformar-nos.

Penso que este é o real objetivo da prática do Budismo e, por isso, a meditação tem um papel fundamental. Porém, no Budismo, a meditação não é a única coisa. Às vezes as pessoas pensam que os Budistas só meditam e não fazem mais nada! Não é suposto. No Budismo dá-se muita importância às ações positivas, a ajudar as pessoas e, de um modo geral, a fazer tudo o que seja útil para os outros. Além disso, todas as escolas e níveis no Budismo falam sobre a compaixão. A compaixão é o elemento mais importante do treino Budista. Não há vertente do Budismo que não fale, enfatize e ensine a compaixão.

Por isso, como prática, tentamos fazer coisas positivas. O que queremos dizer por coisas positivas são coisas que são boas para nós e para os outros, tanto agora como no futuro. É importante percebermos que ajudar-nos uns aos outros, ajudar as pessoas em geral, é considerado como a coisa mais importante que podemos fazer. Nos sutras, Buda diz que se se desejar profundamente ajudar alguém nem que seja para aliviar uma dor de cabeça, é uma ação muito mais positiva do que fazer a maior das oferendas a todos os Budas. Isto foi dito pelo próprio Buda e ele repetiu-o inúmeras vezes.

Para fazer algo que seja bom para nós e para os outros provavelmente até já sabemos o que fazer, ou seja, primeiro precisamos de ser um pouco mais agradáveis, menos coléricos, de sermos menos afetados pelas coisas, de sermos ser menos suscetíveis. Também temos de ser menos preguiçosos e mais compassivos. Idealmente, deveríamos ser capazes de fazer o que está certo, sem sermos dominados por emoções ou tendências negativas. Às vezes queremos fazer algo bom, mas não o fazemos. Porquê? Porque às vezes a nossa mente e as nossas emoções não fazem exatamente o que queremos que façam. Podemos ser facilmente enganados e dominados pelas nossas emoções, hábitos, dependências e distrações.

Queremos ser capazes de fazer o que é bom para nós e bom para os outros, mas para que tal aconteça, realmente, precisamos de ter a mente mais treinada de modo que, se dissermos "Senta", ela senta-se. Se dissermos "De pé", ela levanta-se. Se dissermos "Faz isto", ela fá-lo, como um cão obediente. É a isto que chamamos o treino da mente. Temos de descobrir uma maneira de tornar a nossa mente flexível, treinada, dominada e obediente. Assim será mais fácil focarmo-nos naquilo em que queremos focar-nos.

A nossa mente é muito obstinada. Quando se fixa em algo, por muito que a queiramos tirar de lá, ela não arreda pé. Se temos um problema a nossa mente vai lá direta e não para de pensar nele. E especialmente se dissermos que não queremos pensar naquilo... E não sabemos o que fazer, ficamos cheios de problemas, sofremos muito e ficamos tensos. Sabemos que seria muito bom se pudéssemos focar a nossa mente noutra coisa, mas isso não acontece porque a nossa mente é obstinada. Às vezes diz-se que a mente é como um corno de iaque: o corno de iaque é muito duro e tem uma certa curvatura. É impossível curvá-lo de outra maneira.

É por isso que temos de tornar a mente mais flexível, se quisermos ter mais paz e alegria e agir de forma que seja boa para nós e para os outros. Precisamos de treinar a nossa mente e torná-la mais flexível. A esse treino chama-se meditação. O principal objetivo da meditação é treinar a nossa mente de forma a que ela faça o que nós queremos. Se quisermos descontrair, a mente descontrai. Se quisermos concentrar-nos nalguma coisa, ela concentra-se. Se quisermos reagir de certa maneira, de uma maneira gentil e bondosa, ela reage em conformidade. Se desejarmos que a nossa mente não se preocupe, ela não se preocupa. É este o principal objetivo da meditação. Se o pudermos alcançar, ficamos muito mais livres. Por fim, podemos até alcançar a total libertação da nossa mente.[i]

Traz o corpo para o assento.

Traz a mente para o corpo.

E traz tranquilidade à mente.

Não se trata apenas de nos sentarmos, mas de trazermos o corpo para o assento, criando um tipo de situação ou atmosfera em que, durante algum tempo, tudo o resto está concluído.

Trazendo o corpo para o assento

Como treinamos a nossa mente? Não é à força. Não a podemos forçar. Se dissermos que não deve, ou não pode, fazer algo, isso não funciona porque a nossa mente é obstinada. Por isso, se dissermos "Não faças isso!, ela responde "Porque não?" *Sobretudo*, se dissermos para não fazer uma determinada coisa, é aí que sentimos que *temos absolutamente* de a fazer! Logo, quanto mais forçarmos a mente, mais ela faz o oposto. Às vezes há algo que não queremos mesmo fazer e, ainda assim, damos por nós a fazê-lo, uma duas e mesmo três vezes. Por isso, precisamos de treinar a mente para que, naturalmente, ela se torne flexível e treinada. Mas, isto tem de ser feito de forma habilidosa, subtil e deliberada.

A meditação é uma forma hábil, deliberada e consciente de treinar a nossa mente. Mente aqui significa pensamentos, emoções, reações, perceções, tendências habituais: tudo o que temos de aprender a controlar e gerir sem esforço. E temos de aprender, não de forma punitiva, mas de forma estimulante, como todo o treino e aprendizagem. Se o tornarmos demasiado árduo e penoso, vamos sentir resistência e acabamos por desistir.

Na mesma ordem de ideias, temos de criar um ambiente onde a nossa mente se sinta confortável, satisfeita e à vontade. É por isso que, quando começamos a meditar, é usualmente recomendado escolher um canto, um lugar ou uma sala, como um oratório ou algo semelhante, que possamos tornar agradável, inspirador e confortável, e onde possamos estar sem sermos perturbados. De tal forma que nos sintamos bem quando nos sentamos lá, que, naturalmente, nos sintamos em paz e mais descontraídos. A primeira coisa é aprendermos a sentir-nos bem, à vontade e descontraídos. É por isso que é frequentemente aconselhado praticar a meditação num ambiente natural. Num lugar de retiro ou numa floresta, num local isolado, onde não há demasiadas distrações e perturbações. Mas, o principal, é criarmos um ambiente que seja confortável e inspirador para nós.

Depois reduzimos a tensão mental. E como fazemos isso? Como tornamos a mente mais descontraída e menos tensa? Relaxando o corpo. O corpo e a mente têm uma forte ligação. É quase como se não pudéssemos separá-los. O corpo é praticamente uma manifestação da mente. A mente afeta o corpo e o corpo afeta a mente. Por isso começamos por descontrair o corpo. Patrul Rinpoche deu o que penso ser uma instrução muito importante sobre a meditação:

Traz o corpo para o assento.
Traz a mente para o corpo.
E traz tranquilidade à tua mente.

Isto é o que Patrul Rinpoche diz ser a meditação. Trazer o corpo para o assento significa mais do que sentar-se nele. Não é absolutamente necessário estar sentado, porque se pode estar a andar e a meditar, ou de pé e a meditar, ou deitado e a meditar, ou a comer ou a fazer qualquer outra coisa e a meditar. Ficou famosa uma frase que diz que "se não meditares enquanto comes e bebes, desperdiças metade da tua vida a comer e a beber. Se não meditas enquanto dormes, desperdiças metade da tua vida a dormir, etc." A ideia é que, quando nos treinamos, precisamos de criar uma atmosfera que seja compatível com o treino e em que a nossa mente não esteja totalmente ocupada com todo o tipo de coisas.

Trazer o corpo para o assento, significa que durante o tempo em que estamos a meditar tentamos não fazer outras coisas, não nos envolvermos em outras coisas. Consideramos a meditação como uma pausa, não apenas das atividades físicas, mas também das mentais. É fácil tirar tempo do nosso trabalho, a nível físico, já tirar tempo a nível mental não é tão fácil. Mesmo que não estejamos a trabalhar, podemos estar a pensar no trabalho ou a preocupar-nos com ele, de forma que é tão cansativo como se estivéssemos a trabalhar. Por vezes é até mais cansativo pensar no trabalho que fazê-lo.

Precisamos de aprender como treinar a nossa mente a parar de trabalhar, a parar todas as atividades, pois de outro modo não estaremos a meditar, estaremos apenas ali, sentados, a pensar em tudo o que temos de fazer no dia seguinte e em tudo o que está a acontecer no mundo. Se for o caso, sentarmo-nos ali não serve de nada. Por isso, essa instrução sobre trazer o corpo para o assento é muito importante e, de certa maneira, muito profunda. Não se trata apenas de sentar, mas de *trazer* o corpo para o assento e de criar o tipo de situação ou de atmosfera em que, durante algum tempo, tudo o mais está concluído. O primeiro e mais importante ponto para descontrair é sentirmos que, por agora, terminamos o nosso trabalho. Neste momento, não estamos a trabalhar.[ii]

Se queremos que a nossa mente descontraia, temos de trazê-la ao momento presente. Quando estamos em contato com o nosso corpo, no momento presente, as coisas não podem perturbar-nos. Trazemos calma à nossa mente, descontraindo-a e permitindo-lhe ser tão natural quanto possível.

Permanecemos num estado perfeitamente normal, mas totalmente presentes ao AGORA.

Trazendo tranquilidade à mente

O segundo ponto de meditação de Patrul Rinpoche é trazer a mente para o corpo. A nossa mente está sempre muito ocupada, a correr atrás de algumas coisas e a fugir de outras. Ocupada a preocupar-se, a ter medo, a resistir. Tradicionalmente chamamos-lhe "mente-macaco" pois nunca para quieta.

Se queremos levar a nossa mente a descontrair, necessitamos de a trazer para o momento presente. Não se trata de esvaziar a mente. Às vezes as pessoas pensam que meditar é fazer com que a mente fique totalmente vazia. Mas, de certa forma, isto não é possível. Vêm pensamentos, emoções, sensações. Acontecem muitas coisas e não podemos deixar de ver, de ouvir, de cheirar, de provar ou de sentir.

O objetivo não é interromper a consciência durante a meditação, mas sim cultivar uma consciência *direta*. Trata-se de nos tornarmos *mais* conscientes e não menos. A finalidade é estarmos clara e diretamente conscientes do *agora*. Não nos afastarmos do aqui e agora, não nos alhearmos ou distrairmos, não nos deixarmos levar pelos pensamentos, emoções e reações que nos impedem de estarmos verdadeiramente presentes. É costume estamos assim distraídos, pelo menos parcialmente, na maior parte do tempo. Achamos que temos demasiadas coisas para fazer, mas na verdade, reduzimos a nossa capacidade de as fazer por estarmos tensos e fixados, por entrarmos em pânico sobre elas.

Praticar a meditação é tentar estar no momento presente – *consciente*, *agora*. Tornamo-nos conscientes de todos os nossos sentidos. Podemos ver – claro que sim. Podemos ouvir – claro que podemos. Podemos cheirar e podemos sentir. Permitimo-nos ser tão naturais quanto possível mas completamente no *agora*, e descontraímo-nos nesse estado. Trazer a mente para o corpo quer dizer que, quando a mente está no corpo, nós realmente *sentimos*, estamos em contacto com o corpo no momento presente. Vemos o que estamos a ver e ouvimos o que estamos a ouvir, pois de outro modo estamos ausentes, distraídos, alheados. A meditação é um treino essencial para nos tornarmos conscientes do que se está a passar agora.

Quando estamos no momento presente nada nos pode perturbar. Se pudermos estar verdadeiramente no aqui e agora, neste preciso momento, não existe tensão. Deixa de ser necessário perseguir ou fugir seja do que for. As coisas vão e vêm, mas em que medida é que nos perturbam? A perturbação acontece quando pensamos em algo e associamos isto com aquilo, pensando que devia ser assim e não de outra forma, e por aí fora. São todos estes conceitos que verdadeiramente nos perturbam.

Todas as tensões surgem por causa do passado ou do futuro. Todas elas são concetuais e não diretas. Quando me preocupo é com o que vai acontecer amanhã ou depois de amanhã. Estou a pensar em coisas que *podem* acontecer, são prováveis ou deveriam acontecer. De alguma forma, todos os meus problemas estão associados com o passado, por pensar como as coisas eram. "Isto era assim e aquilo era assado". E isto também é inútil, pois refere-se a coisas que deixaram de existir, que acabaram.

Para quê sofrer com a bagagem do passado que carregamos desnecessariamente? E, porque sofrer com o futuro que não existe e até pode nem vir a acontecer? A maioria dos nossos problemas vêm exatamente disto. Todas as tensões, emoções e coisas negativas, todas elas, vêm disto. E tudo isto é inútil. Não quer dizer que nunca devamos pensar ou fazer planos. Se quisermos planear algo, não há problema. Podemos refletir tanto quanto seja necessário, sem perdermos de vista que não é preciso estarmos sempre a pensar. Também não há nada de errado em lembrarmo-nos do passado. Podemos recordá-lo tanto quanto quisermos, mas não incessantemente.

A técnica da meditação consiste em descontrairmos no momento presente, com todos os sentidos abertos e nítidos. Estamos atentos e despertos. Não se trata de entorpecermos os sentidos, mas sim de mantê-los tão despertos quanto possível e relaxados. No início isto é algo a que temos de nos habituar porque a nossa mente está descontrolada e não conseguimos sentar-nos sossegados nem por um minuto.

Mas todos queremos descontrair. Não gostamos de nos sentir tensos ou sobrecarregados. Por isso convido-vos a sentirem-se bem, em paz, a sentirem que o vosso corpo e a vossa mente estão em paz. Desenvolvam esta sensação. Se sentirem os músculos tensos, relaxem-nos. Isto não é fácil – requer prática. Descontrair não é fácil por isso temos de *aprender* a abrir mão. Se conseguirmos abrir mão, ficamos relaxados. Por isso abram mão do controlo. Sintam-se seguros, protegidos, atentos e naturais. Tenham consciência de todas as coisas e deixem-nas ser. Estejam presentes e deixem fluir.[ii]

Bodhicitta, a mais preciosa aspiração,
Possa ela desabrochar em todos os corações.
E, sem nunca se extinguir, possa ela florescer e crescer
Para sempre, cada vez mais e maior.

A Atividade do Bodhisattva

Qualquer pessoa que tenha Bodhicitta é um Bodhisattva. A Bodhicitta é a essência do coração de Buda, a essência da iluminação, que é compaixão – compaixão impregnada de sabedoria. Todos os que, de coração, tenham esta intenção são Bodhisattvas.

O que é um Bodhisattva?

O Mahayana (literalmente o *Grande Veículo*) é por vezes chamado de Bodhisattvayana porque é o veículo Budista que explica claramente o que é ser um Bodhisattva. É a via que um Bodhisattva segue. Isto é uma adição aos ensinamentos Budistas gerais e fundamentais que também estão incluídos no Bodhisattvayana. O Budismo Mahayana nada mais é que isto. Se quisermos falar do Mahayana, temos de falar do que é um Bodhisattva.

A característica básica do Bodhisattva é a compaixão. Diz-se que todos os que têm Bodhicitta são Bodhisattvas. O que é a Bodhicitta? Bodhicitta é uma palavra sânscrita. Bodhi vem da raiz *Bodh* que significa saber, ter a compreensão total. Citta é coração ou coração-mente. Na verdade, Citta não se refere exatamente à mente pensante, é mais um sentimento de coração. Alguém que tenha a essência do coração de Buda, da iluminação, tem Bodhicitta. Em termos práticos, Bodhicitta é compaixão, mas compaixão com uma componente de sabedoria.

Bodhicitta é compaixão com dois aspetos ou objetivos. Um dos aspetos é sobre os seres. Vemos os problemas e o sofrimento dos seres e desejamos que possam estar livres de sofrimento, dor ou quaisquer problemas. Tal como nós, eles não querem sofrer. Este é o aspeto compassivo. O segundo aspeto, que também é muito importante, é o facto de desejarmos que eles se libertem do sofrimento *e de que essa possibilidade existe*. Esse é o aspeto da sabedoria.

Estes dois aspetos são extremamente importantes porque, de outro modo, tornar-se-ia insuportável ver o sofrimento e os problemas alheios. Sentir-nos-íamos perdidos, desalentados, prostrados e sem esperança. Seria demasiado doloroso. Mas isso não acontece com este tipo de compaixão porque, muito embora seja necessário trabalhar para isso, existe a possibilidade de nos transformarmos e resolvermos este problema. E, a partir do momento em que a possibilidade existe, a compaixão não é apenas sobre o sofrimento e em nos concentrarmos nele. É sobre nos concentrarmos num caminho para sair do sofrimento. Este tipo de compaixão é a Bodhicitta.

Quando falamos do Mahayana falamos muito de compaixão e às vezes as pessoas ficam com a impressão de que no Sravakayana, ou Veículo Fundamental do Budismo, a compaixão não é tão importante. Mas isso não é de todo verdade. Seria completamente errado ver isso assim. Não existe um ensinamento de Buda que não fale da compaixão. Ela é o foco de todos os ensinamentos de Buda. Então o que há de especial quando se fala de compaixão no Mahayana? O que é especial num Bodhisattva?

Aqui, o que é especial, é que tomamos um compromisso específico. Não se trata apenas de desejarmos que todos fiquem livres do sofrimento. Não se trata apenas de rezarmos por isso ou querermos que se realize, mas de tomarmos o compromisso pessoal de agirmos para que aconteça. Queremos trabalhar, nós mesmos, nesse sentido. Isto é o que faz a diferença. A diferença é o compromisso pessoal de trabalharmos para que todos os seres possam estar livres do sofrimento, para trazermos o maior bem-estar e a felicidade suprema a todos os seres.

É por isso que se diz que a compaixão, ou Bodhicitta, ideais apresentam quatro qualidades ilimitadas.

- A primeira qualidade ilimitada é que desejamos alargar o desejo de que os seres fiquem livres do sofrimento, de todo e qualquer tipo de sofrimento: dos sofrimentos comuns até às insatisfações mais subtis e a todos os tipos de coisas semelhantes. Desejamos a libertação de todos os tipos de sofrimento.
- A segunda qualidade ilimitada é que a primeira seja estendida a todos os seres. Que não seja limitada a um certo número, nem a certos grupos, ou a certos tipos de seres. Que não deixe ninguém de fora.

- A terceira é que não desejamos apenas que todos os seres estejam totalmente livres de todos os tipos de sofrimento – isso não é suficiente. Não desejamos para nós o mais maravilhoso e elevado tipo de felicidade e alegria e que todos os outros estejam simplesmente livres do sofrimento. Desejamos que todos e cada um dos seres sintam a mais elevada alegria e paz que é possível sentir. Desejamos isso para todos os seres.
- Por fim, não lhes desejamos este tipo de alegria por um curto período. Desejamo-la a todos os seres, para todo o sempre. Uma paz e felicidade duradouras para todos os seres.

Quando este tipo de compromisso é o nosso objetivo, somos Bodhisattvas. Seja quem for que tenha este objetivo, essa pessoa é um Bodhisattva. Não importa qual o tipo de visão filosófica que ela tenha, ou que tipo de homem, mulher, animal, ser celeste ou espírito ela possa ser. Não importa se ele ou ela são Budistas ou Hindus, ou Cristãos ou o que quer que seja. Todos os que têm este tipo de dedicação e compaixão são Bodhisattvas. O essencial é ter simultaneamente compaixão e sabedoria.

O desejo e o voto do Bodhisattva é também de poder ajudar os seres nas suas vidas sucessivas. De tal forma que, se for útil e necessário tornar-se um ser humano para o fazer, então quer renascer como ser humano. Se for útil ou necessário tornar-se um animal, quer renascer como animal. Se for útil ser um mestre, que assim seja. Tudo o que seja útil. Este princípio é mostrado com clareza nos Contos de Jataka que narram as vidas passadas de Buda.

Quando compreendemos profundamente "o que somos", nesse momento percebemos o que são todas as coisas, já que "tudo" é a nossa experiência. Essa compreensão, do ponto de vista Budista, chama-se sabedoria e é uma forma de experienciar o que realmente somos.

A maneira correta de ver as coisas

Do ponto de vista Budista a visão correta é muito importante. A "Visão Correta" refere-se à maneira como vemos as coisas, como nos vemos a nós mesmos, como vemos o mundo, à maneira como interpretamos as coisas. Refere-se também à nossa atitude, como vemos as coisas e como reagimos. Isto é extremamente importante porque influencia grandemente o modo como reagimos. Se, por exemplo, tivermos uma atitude compassiva, a nossa maneira de fazer as coisas será diferente da que teríamos se tivéssemos uma atitude egoísta. A atitude é essencial. Por conseguinte, a forma como vemos as coisas é extremamente importante, não apenas como as concebemos intelectualmente, mas também como as vemos *experiencialmente*.

O mais importante do ponto de vista Budista é perceber o que somos. Não quem somos, mas o que somos. O que é isto a que chamo "eu"? Esta investigação é uma prática contínua e talvez pareça algo um pouco complicado, mas é o que mais importa descobrir. Sabe-se que, na verdade, a verdadeira intrepidez só surge quando muito, muito profundamente, compreendemos o que somos.

Quando formos capazes de, em profundidade, compreendermos o que somos, então saberemos que não é necessário ter medo. Não é necessário agarrarmo-nos às coisas. Não é necessário reagirmos com aversão e apego. Não precisamos de estar sempre a fugir ou a correr atrás das coisas. Quando profundamente compreendermos o que somos, nesse momento saberemos o que tudo é, pois tudo é a nossa experiência. Do ponto de vista Budista, esta compreensão chama-se Sabedoria. É uma forma de experimentar o que realmente somos.

Esta Sabedoria é por vezes chamada de "conhecendo um, conhecer tudo". Geralmente fala-se de dois modos de conhecimento. Um é saber tudo, mas não saber nada. O outro é conhecer uma coisa e, através disso, conhecer tudo. Saber tudo, mas não saber nada é quando conhecemos muitos factos acerca das coisas, quando sabemos tudo, mas não nos conhecemos e, por isso, ainda estamos numa corrida interminável. Neste caso, não podemos realmente resolver os problemas. Podemos ter muito conhecimento, mas por vezes esse conhecimento pode até tornar-se perigoso se não formos suficientemente compassivos e tivermos muitas emoções negativas. É o caso da tecnologia, por exemplo. Não é que haja algo de errado com a tecnologia, mas uma pessoa negativa pode usá-la de forma negativa. Ao invés, uma pessoa positiva pode usá-la de forma positiva. Qualquer tipo de conhecimento ou de poder é suscetível de ser tão perigoso quanto útil.

Contudo, se muito em profundidade, percebermos o que somos, isso será uma perceção ou experiência libertadora. É por isto que o Budismo diz que a visão correta é a coisa mais importante. Existem inúmeros ensinamentos que visam encontrar a visão correta, para estudar e refletir. A meditação é vista como o método para fazer surgir esta sabedoria pois este tipo de entendimento não é apenas intelectual, algo cuja compreensão nos vem de recebermos ensinamentos ou lermos livros. Isso dá-nos apenas uma compreensão concetual de como somos e de como as coisas serão – o que não é o mesmo que uma compreensão experiencial.

Para alcançar a experiência dessa compreensão temos de mergulhar profundamente em nós mesmos e aprender a levar a nossa consciência e atenção plena até ao nível inconsciente da nossa mente. É aqui que podemos experimentar profundamente. Trata-se do coração mais que da cabeça. Diz-se às vezes que a viagem mais longa é da cabeça ao coração. É a isto que nos referimos quando falamos em desenvolver a visão correta e compreendê-la pela experiência. É muito importante e é um trabalho constante.

Disciplina é permitirmo-nos fazer as coisas que sabemos serem úteis para nós e consentirmos em não fazer as que sabemos serem prejudiciais.

É extremamente importante compreendermos a ação e os seus resultados por nós mesmos.

Disciplina

Enquanto trabalhamos na visão, não quer dizer que, conforme progredimos, não possamos dar atenção a outras coisas também. Buda deu-nos o Óctuplo Caminho que inclui o pensamento, a palavra, e a ação corretos. Estas são as três coisas principais pois temos de ter atenção ao que fazemos, a como falamos e a como pensamos para estarmos o mais possível certos da maneira como atuamos com o corpo, palavra e mente de modo a não sermos prejudiciais a nós e/ou aos outros. Tentamos então multiplicar o mais possível as ações que são benéficas para nós e para os outros. Do ponto de vista Budista, isto é muito importante.

Pode-se dizer que é uma forma de moral ou de ética, mas que se deve basear na compreensão. Não é um mandamento sobre o que devemos ou o que não podemos fazer. Não é suposto vermos isto nestes termos. É extremamente importante compreendermos, por nós mesmos, a ação e os seus resultados. Na vida, é normal que quando alguém nos diz para não fazermos alguma coisa, sintamos logo mais vontade de a fazer! "Porque não?", pensamos nós. Por isso é preciso compreendermos a relação entre as coisas, entre as nossas ações e os seus resultados. Se alguém diz que é melhor não pormos a mão no fogo porque queima, talvez ainda lhe toquemos, mas se nos queimarmos nem que seja um pouco, percebemos logo que não é boa ideia e nunca mais lhe tocamos. A compreensão é extremamente importante, percebermos, por exemplo, que uma certa coisa não é boa para nós nem para os outros.

Depois temos de nos permitir não agirmos dessa forma, uma vez que não queremos sofrer. Se for algo que é bom para mim e para os outros, também preciso de compreender e de entender a relação. Do ponto de vista Budista, a disciplina é crucial. E a disciplina consiste em fazer as coisas que sei serem boas para mim e não me permitir fazer as que são más para mim. Isto é a disciplina. Se não virmos a disciplina desta forma, torna-se muito difícil, mas quando percebemos como as nossas ações nos afetam, a nós e aos outros, e aplicamos essa compreensão às nossas ações, torna-se mais fácil fazer o que é bom para nós e para os outros.

Temos de cuidar de nós para podermos ajudar os outros. É por isso que se diz que a maneira de gerar compaixão é através de um modo de vida compassivo. Isto tem de ser cultivado gradualmente, o que implica sermos cuidadosos e protegermo-nos. O exemplo que habitualmente se dá é o de cultivar uma árvore de fruto.

Cultivar uma boa árvore de fruto

Ser boa ou má pessoa acaba por se resumir a ter ou não ter compaixão. Alguém que só pense no seu bem-estar e no seu interesse e não quiser saber do bem-estar, do benefício e dos interesses alheios, é uma pessoa destrutiva para o mundo e para o que está à sua volta. Não é uma pessoa útil ou benéfica, nem sequer para ela própria. Porque se só fizer coisas supostamente boas para si mesma, mas no processo, magoar os outros, isso acabará por também não ser bom para ela.

Contudo a ideia não é de nos preocuparmos apenas com os outros e de não tomarmos conta de nós. Por vezes a compaixão é vista desta forma, como uma abnegação total em prol dos outros, um total sacrifício de si para cuidar só dos outros. Não é esta a ideia. Compaixão não é isto. Temos de cuidar de nós pois, se não o fizermos, quem o fará? Temos de cuidar de nós *para podermos ajudar os outros seres*.

É por isso que se diz que a maneira de gerar compaixão é viver uma vida compassiva. Isto tem de ser cultivado gradualmente, o que implica sermos cuidadosos e protegermo-nos. O exemplo que habitualmente se dá é o de cultivar uma árvore de fruto.

Como é que cultivamos uma árvore de fruta saudável? Primeiro temos de plantar a semente, talvez num vaso. Temos de arranjar terra e adubo adequados, misturá-los da forma correta e depois pô-los num vaso. Em seguida plantamos a semente no vaso e verificamos que tenha a água e o sol necessários. Talvez tenhamos de pôr o vaso no exterior durante o dia e no interior, durante a noite, para o protegermos do gelo. Temos de cuidar da planta ou ela não vai crescer e a semente perde-se.

Do mesmo modo, diz-se que gerarmos a Bodhicitta e termos este tipo de vida compassiva não significa que tenhamos de deixar de cuidar de nós, pelo contrário. Temos de cuidar *muito bem* de nós mesmos, a nossa compaixão tem de ser muito bem protegida. Não devemos fazer nada que nos faça mal. Se alguém nos pedir para fazermos algo, devemos ponderar se é ou não bom para nós e para os outros.

Uma coisa é boa para nós quando é boa agora e também mais tarde. Se só for boa agora, e mesmo que seja agradável, mas mais tarde nos trouxer problemas, então não é verdadeiramente boa e o mesmo se passa com o que é bom fazer para os outros. Algo que é bom para nós e para os outros é algo que tem um resultado agradável, traz paz de espírito, produz algum bem-estar e tem benefícios duradouros para nós e para os outros. É assim que tentamos trabalhar. E isto é equivalente ao Óctuplo Caminho.

Se vemos que algo é bom para nós e para os outros, porque não haveríamos de o fazer? Podemos fazê-lo tanto quanto quisermos! Mas se não for bom para nós e só for bom para os outros, então temos de ponderar se é *bom* ou não fazê-lo. Temos de avaliar se o podemos fazer sem sacrificar demasiado, sem perder a nossa própria estabilidade, sem nos virmos a arrepender. Se acharmos que podemos vir a arrepender-nos, é melhor não o fazermos. Isso significa que é algo sobre o qual ainda temos de trabalhar, ainda precisamos de nos fortalecer. O que tentamos assim, é avaliar, de maneira sensata, se o que fazemos não nos perturba ou prejudica, a nós ou aos outros. É como plantar a semente num vaso bem preparado e cuidar dela.

Desta forma a planta cresce. Quando crescer um pouco mais, que fazemos? Plantamo-la no exterior, no jardim, mas ainda a temos de proteger, talvez pondo uma pequena vedação à sua volta para que as vacas e as ovelhas não venham comê-la ou alguém a pise. Ainda estará protegida, embora já não precise de tanta proteção como antes. Do mesmo modo, quando a nossa compaixão e sabedoria tiverem fortalecido, será menos necessário protegê-las, mas ainda assim continuam a precisar de um pouco de proteção. Temos de ter o cuidado de não fazermos mais do que podemos, de dedicarmos algum tempo para nos voltarmos a sentir inspirados.

Deste modo a nossa compaixão e sabedoria tornar-se-ão cada vez mais fortes, qual árvore que cresce mais e mais. E aí talvez já não precisemos tanto da proteção. A árvore talvez já não precise da vedação porque as vacas já não a podem comer, mas ainda temos de ter cuidado. Então ela torna-se numa grande árvore e já não precisamos de fazer nada. É só sentarmo-nos na sua sombra, abrirmos a boca e deixarmos que os seus frutos nos caiam nela!

É esta a ideia. Quando começamos a gerar a Bodhicitta a primeira coisa é protegermo-nos, defendermos os nossos próprios interesses. Fazermos o que é bom para nós e para os outros e não aquilo que só é bom para os outros. Se algo for bom para os outros, a prática consiste em ver até onde somos capazes de o fazer. Tentamos encontrar o equilíbrio e assim, muito lentamente, vamos gerando a Bodhicitta. É por isso que há muitas práticas sobre isto. Do ponto de vista Budista é algo muito importante. Gerar a compaixão, como tudo o mais, é algo que temos de cultivar e sobre o qual temos de trabalhar progressivamente.

Se não tivermos um mínimo de dedicação ou de empenho, nunca alcançamos nada que valha a pena. Mas, o modo como nos empenhamos é muito importante porque, se o fizermos de uma forma tensa, tornar-se-á numa tarefa árdua. A diligência não é esforçarmo-nos demasiado, mas sim motivarmo-nos de tal forma que nos sentimos entusiasmados por fazermos coisas positivas.

Fazer da prática um passatempo

Diz-se que o esforço correto é muito importante porque habitualmente temos que nos esforçar em tudo o que fazemos. Temos de trabalhar muito. Qualquer coisa importante que queiramos alcançar implica esforço e muito trabalho. Se não tivermos um mínimo de dedicação e de empenho nunca alcançamos nada que valha a pena ou que seja relevante. Mas diz-se também que é muito importante *a maneira* como fazemos esse esforço, porque se o fizermos de uma forma muito tensa, do tipo *tenho de fazer isto*, transforma-se numa tarefa árdua.

O esforço correto é aprender a gostar do que fazemos. Temos de aprender a gostar de fazer coisas positivas. É por isso se diz que a diligência é a alegria em fazer coisas positivas. Assim, o esforço correto não é sermos duros connosco, mas sim criarmos o interesse e a motivação de fazermos coisas positivas. É agirmos com empenho e motivação.

Habitualmente penso na palavra "hobby" quando falo disto. Quando, pela primeira vez, ouvi a palavra "hobby" estávamos a estudar Inglês. Era uma altura em que ninguém falava inglês na sociedade tibetana e por isso tínhamos professores de inglês que desconheciam o tibetano por completo. Quando comecei a estudar inglês não havia um único ocidental que soubesse uma palavra de tibetano. Nenhum dos meus professores sabia uma palavra de tibetano. Por um lado, era difícil, mas por outro, era excelente. Penso que é dessa maneira que se deve aprender uma língua. Quando os nossos pais nos ensinam a falar não há tradução, não é? Por isso os nossos professores de inglês tinham de trazer objetos para nos mostrar o significado das palavras. Diziam relva e tinham de trazer um pedaço de relva e nós dizíamos: *Ah sim, relva*.

Portanto nós não compreendíamos a palavra "hobby". "Hobby? Qual é o seu hobby?"

"O que é que faz quando não tem nada para fazer?"

"O que é que faço quando não tenho nada para fazer? Não faço nada!"

Nós, tibetanos, nunca tivemos "hobbies", não tínhamos este conceito de todo. Mas eu gosto da ideia – uma coisa que se faz quando não se faz outras coisas, quando não se está a trabalhar. Uma coisa que gostamos muito de fazer, que nunca nos cansamos de fazer. Pode ser um trabalho pesado, não importa; pode ser caro, não importa; pode ser perigoso, não faz mal. É fantástico! Por isso sempre pensei que se pudéssemos ver a prática como um "hobby", isso corresponderia ao esforço correto e seria a maneira correta de considerar qualquer prática.

O sofrimento, por si só, não nos liberta necessariamente do karma negativo. Facilmente se cria muito mais negatividade quando estamos em sofrimento. Para nos libertarmos do karma negativo e obtermos algo positivo, temos de começar por ser positivos. Temos de começar a agir positivamente e a sentirmo-nos positivos. Para cultivarmos esta atitude, temos de agir com o corpo, a palavra e a mente de forma atenta e cuidadosa.

O sofrimento, em si mesmo, não acaba com o sofrimento

Estamos há muito tempo no samsara, há tantas vidas que já nem dá para contar. Neste ponto já deve haver uma espécie de "armazém" de todas as ações negativas que cometemos desde tempos imemoriais. Se tivéssemos de enfrentar os resultados de todas as ações negativas que cometemos, teríamos de permanecer neste estado samsárico de sofrimento, negativo e problemático, por muito, muito tempo.

Por isso, quando temos a oportunidade e a liberdade – como as que esta preciosa vida humana nos dá – de nos podermos purificar e, assim, escaparmos deste estado e termos um recomeço, devemos dedicar-nos por inteiro. Devemos ter muito cuidado e estar muito atentos em agir sem demora. Não devemos ser indolentes ou ignorantes e perder a oportunidade.

O 22º verso do Capítulo IV do Bodhicharyavatara diz: "A mera experiência da dor não nos liberta dela."

Talvez pensemos: "Estou a sofrer terrivelmente e já sofri muito no passado. Se for arrastado para outros tipos de esferas negativas e aí sofrer ainda mais, talvez chegue o momento em que, finalmente, toda esta negatividade acabe..." Porém, de acordo com o ponto de vista Budista, não é isso que se passa. Não é o sofrimento por si só que nos liberta do karma ou das ações negativas. A razão é-nos dada no Bodhicharyavatara, logo a seguir: "Porque no próprio sofrimento de tais estados mais negatividade é gerada e nessa altura com grande intensidade."

Quando estamos em sofrimento, estamos num estado negativo, as nossas ações negativas aumentam e surgem muitas emoções negativas. As ações negativas, ou o karma negativo, não são criados com uma ação única, de forma que quando experimentamos o seu resultado, não acumulamos mais nada. Não é isto que se passa, pois quando sofremos ficamos zangados, irritados, maldispostos. Ou seja, o processo continua. Cria-se cada vez mais negatividade. O sofrimento, por si só, não nos liberta necessariamente do karma negativo.

Para nos libertarmos do karma negativo e alcançarmos alguma coisa positiva, temos, na verdade, de começar a *ser* positivos. Temos de começar a atuar positivamente e a sentirmo-nos positivos. Temos de agir com o corpo, a palavra e a mente, cuidadosa e atentamente, cultivando a positividade, acumulando ações e experiências positivas para podermos mudar o padrão. Isto é muito importante.[iii]

É extremamente importante não nos concentrarmos só nos problemas. Se pudermos, temos de resolver os problemas, mas há sempre muitas outras coisas a acontecer em paralelo. É mais útil se nos sentirmos positivos do que se permitirmos que a nossa mente se foque apenas nos problemas, ferrada neles como um crocodilo.

Saber estar com os problemas

É muito importante concentrarmo-nos em coisas positivas e não em coisas negativas. Geralmente todos enfrentamos problemas. Quando temos um problema, a nossa mente foca-se nele a tal ponto que é difícil arredá-la dele, mesmo por alguns segundos. Pensamos: "Tenho este problema... Tenho este problema... E até que ele se resolva, não posso fazer mais nada, não posso pensar noutras coisas, não posso desfrutar da vida. Só quando este problema se resolver é que vou ser feliz, é que vou sentir-me bem. Aí então vou poder desfrutar da vida e fazer coisas boas." É assim que nós pensamos.

Então, logo que resolvemos aquele problema aparecem mais dois! Pensamos: "Isto é que é azar! Agora que resolvi aquele problema e que ia finalmente poder gozar a vida para sempre..." E assim que estes dois problemas estão resolvidos, o que acontece? Surgem mais três.

Se viver a minha vida assim, passando de um problema ao seguinte, como serei quando ficar um pouco mais velho?

Um velho rabujento!

O que mais se pode esperar?

É por isso que é extremamente importante não nos concentrarmos só nos problemas. Claro que, se conseguirmos, temos de resolver os nossos problemas, mas há sempre muitas outras coisas a acontecer em paralelo. Geralmente, não conseguimos desprender-nos dos problemas. Somos como um crocodilo, ferrados neles. Os problemas que surgem temos de resolvê-los, temos que pensar neles e tratar deles, mas eles não são tudo. Se só virmos problemas e nada mais, vamo-nos tornar cada vez mais negativos. Em vez disso, temos de esforçar-nos por nos sentirmos positivos, o que significa experimentarmos coisas positivas.

Em vez de nos aborrecermos e nos irritarmos quando somos magoados podemos olhar para a situação e perguntarmo-nos o que podemos fazer para melhorar as coisas.

O que fazer quando nos sentimos magoados?

Pergunta – Já que temos o desejo de sermos felizes e nos sentirmos contentes em todas as situações, o que nos aconselha a fazer quando a forma como as pessoas se comportam nos faz sentir agitados e zangados, mesmo que não tenhamos feito nada de mal? Qual é a melhor maneira de lidarmos com as nossas emoções de modo a voltarmos para um estado de equilíbrio?

Rinpoche – Penso que há duas coisas muito importantes. Uma é compreendermos profundamente que reagirmos de forma negativa, com irritação, raiva e esse tipo de sentimentos, não é produtivo. Não vai mudar a situação. Por exemplo, temos um problema e queremos mudar a situação: queremos que nos respeitem, queremos que gostem de nós, ou algo do género. Se nos zangarmos, perdermos a paciência e chorarmos, não é isso que vai fazer as pessoas respeitarem-nos ou gostarem de nós. Assim, temos de compreender claramente, desde logo, que essa maneira de reagir, não só não traz bons resultados, como nem sequer nos faz sentir melhor. Não serve de nada.

Quando tomamos verdadeiramente consciência disto, podemos dizer: "Bom, algumas pessoas respeitam-me e outras não; algumas pessoas fazem coisas boas e outras não." A vida está cheia destes problemas, destes mal-entendidos, deste tipo de situações. Não precisamos de ficar demasiado perturbados com isso, mas, precisamos de fazer o que resultar melhor naquela situação.

A segunda coisa é que, em vez de ficarmos irritados e zangados ou algo do género, podemos observar a situação e perguntarmo-nos o que podemos fazer para melhorar as coisas. Penso que esta é a melhor abordagem. Há sempre diferentes maneiras de melhorar a situação.

Quando começamos a ficar zangados e irritados, olhamos para a situação como se estivesse terminada e pensamos: "Isto foi péssimo!" E é como se o assunto estivesse encerrado e nós ficássemos zangados e contrariados.

Se, em vez disso, pensarmos que este é o ponto em que a situação está agora e nos questionarmos sobre o que podemos fazer para a melhorar, já não nos sentimos tão pessimistas ou desanimados. Há lugar para o otimismo, pois as coisas podem mudar. Creio que esta é uma maneira de reagir muito importante. Claro que não é fácil. Não acontece de um momento para o outro. Temos as nossas tendências habituais, mas podemos trabalhá-las tentando agir da melhor forma.

Gerar um sentimento de satisfação e sentirmo-nos ricos interiormente é uma atitude e uma experiência. Podemos desenvolver e modificar o nosso estado mental, aprendendo a sentirmo-nos contentes e satisfeitos com o que temos.

A generosidade interior

A generosidade tem dois aspectos. Um é a generosidade interior e outro é a exterior. A generosidade interior implica trabalharmos na "síndrome de pobreza", a atitude interior de sentirmos que nos falta sempre qualquer coisa, de estarmos sempre carentes. "Preciso disto. Preciso daquilo. Não tenho isto. Não tenho aquilo." Uma forma de avidez e de carência, o perpétuo sentimento de nos faltar sempre algo. E isto é um *estado mental*.

Alguém pode ser muito rico, mas continuar a ter esta atitude. Ninguém tem o suficiente. Conta-se que no tempo de Buda houve uma senhora que encontrou uma moeda de ouro. Era uma moeda de ouro muito bonita e especial e ela pensou em dá-la a alguém que verdadeiramente precisasse dela. Então perguntou a Buda qual era a pessoa que mais precisava dela. Buda pensou um pouco e depois disse que se ela queria realmente dá-la à pessoa que mais precisava, devia oferecê-la a um determinado homem que era o mais rico da cidade.

A senhora não ficou muito convencida, mas como era muito devota de Buda, procurou o homem e ofereceu-lhe a moeda de ouro, dizendo: "Encontrei esta moeda de ouro e perguntei a Buda a quem devia dá-la e ele disse o seu nome, mas não estou convencida de que Buda tenha razão."

O homem respondeu: "Buda está absolutamente certo! Tenho 999 moedas de ouro iguais a esta e andava desesperado à procura de mais uma para fazer as mil!"

Depois das mil, ele ia querer dez mil, depois das dez mil, ia querer cem mil, depois um milhão e assim por diante. Este sentimento de não termos o suficiente não tem a ver com o que temos. É apenas uma tendência habitual. Se estivermos insatisfeitos, podemos ter o mundo inteiro e mesmo assim continuaremos descontentes.

É por isso que precisamos de desenvolver e mudar o nosso estado mental, aprendendo a sentirmo-nos bem, a sentirmo-nos satisfeitos. Isto não quer dizer que não possamos ter mais ou que não devamos melhorar o que já temos, mas que podemos sentir-nos bem com o que temos. Logo, o contentamento e o sentimento interior de abundância são atitudes e experiências.

Sei isto muito bem pois conheço muita gente rica e muita gente pobre e não é que os pobres sejam necessariamente mais pobres. Deixem-me explicar melhor: as profecias de todas as tradições espirituais como o Budismo, o Induísmo ou outras, parecem ser unânimes em dizer que vivemos numa época de degenerescência; que as pessoas estão a empobrecer; a longevidade está a diminuir, etc. Contudo, segundo as observações científicas, passa-se exatamente o contrário. A longevidade está a aumentar, a riqueza está a crescer, e por isso eu questionei-me sobre qual visão estava errada. E acho que compreendi melhor. Trata-se de diferentes maneiras de avaliar se somos ricos ou pobres.

Do ponto de vista materialista, ser rico significa que se tem mais dinheiro, uma conta bancária maior. Se se tiver dois carros é-se mais rico do que se se tiver só um. Contudo, do ponto de vista espiritual, é diferente. Quanto mais satisfeitos estivermos, mais ricos seremos. Não é porque temos mais que somos mais ricos. Podemos ter o mundo inteiro, mas, se não estivermos satisfeitos, somos pobres.

Nas descrições do mundo dos espíritos famintos fala-se do tipo de espírito que guarda um tesouro. Diz-se que este espírito faminto guarda um imenso tesouro e está sentado diante da porta onde ele está depositado. Não arreda pé nem por um segundo. Ele não usufrui minimamente do tesouro nem pode permitir que outros possam usufruir e é por isso que ele é um espírito faminto. Às vezes a vida é assim.

A generosidade é uma maneira de trabalharmos sobre este sentimento – aprendermos a usufruir do que temos, a apreciar o que temos e, ainda, a partilhá-lo uns com os outros. Em última análise, o que temos e o que não temos depende do modo como nos sentimos.

O sofrimento é totalmente inútil e desnecessário. Se nos conseguirmos libertar dele, ótimo! Ninguém precisa de sofrer para atingir a iluminação ou para progredir. Se estivermos livres de sofrimento, já somos livres e não temos problemas.

Precisamos de sofrer para progredir?

Pergunta – Tinha a impressão de que precisávamos de sofrer para progredir. Isto é verdade? Por exemplo quando alguém está a sofrer, será porque precisa de ter aquela experiência para progredir?

Rinpoche – Esse não é o ponto de vista Budista. Segundo a visão Budista o sofrimento é totalmente inútil e desnecessário. Se se puderem livrar dele, tanto melhor – façam-no! Não precisam dele para atingir a Iluminação ou qualquer outra coisa. Não precisam dele para progredirem. É totalmente desnecessário. Esta é a visão Budista.

Se se puderem libertar um pouco do sofrimento, ótimo. E se for um pouco mais, ainda melhor. Porque se não sofrerem, não *precisam* de progredir já estão totalmente "progredidos"! Esta questão é frequentemente levantada pois as pessoas pensam que precisamos de sofrer um pouco para nos sentirmos estimulados e inspirados para a prática ou para nos libertarmos do sofrimento. Mas, se não estivermos a sofrer, para que precisamos de inspiração para nos libertarmos do sofrimento? Já estamos livres de sofrimento! Logo, quando não temos problemas, por que razão iríamos procurar um problema para resolver?

Esta é a visão Budista. Haverá porventura outras influências culturais com outros pontos de vista, mas do ponto de vista Budista não há qualquer necessidade de sofrer. Se *quiséssemos* sofrer, não precisaríamos de fazer nada. Não temos de praticar porque o Buda, ou qualquer outra pessoa, disse que temos de o fazer. Não praticamos porque Buda disse que nos devíamos libertar do sofrimento. Só precisamos de nos libertar do sofrimento porque não queremos sofrer.

A questão sobre o sofrimento é esta: Buda viu que as pessoas sofriam e também viu que elas não queriam sofrer. O que realmente queriam era verem-se livres do sofrimento. Então Buda pensou: "Como libertar-se do sofrimento? Haverá maneira?" E Buda questionou-se assim, não porque algum "ser superior" lhe disse para o fazer, mas porque ninguém quer sofrer. Por isso Buda investigou a questão e tentou encontrar a resposta de muitas maneiras. Finalmente descobriu que há uma forma de nos libertarmos do sofrimento, de todos os diferentes tipos e níveis de sofrimento. Na verdade, de todos os diferentes níveis de medo – é mais do medo que temos de nos libertar. Mas esta liberdade não vem de fora, vem de dentro.

É muito difícil libertarmo-nos de tudo o que não queremos. Podemos não querer que chova, não querer que faça frio, que faça calor. Podemos não querer aquele edifício ali ou esta pessoa aqui. Hoje não gostamos de algo, mas talvez amanhã já gostemos. Amanhã podemos gostar, mas depois de amanhã talvez não gostemos de novo. Libertarmo-nos de tudo o que não queremos e alcançarmos tudo o que queremos é impossível. Não conseguimos controlar tudo e, mesmo que pudéssemos, o que queremos ou não queremos está sempre a mudar. Assim, não há solução.

Então isso significa que nunca poderemos libertar-nos do sofrimento? Buda disse que sim, mas isso não significa que nos possamos libertar de tudo o que não queremos e ter sempre tudo o que queremos. Isso não é possível. Podemos, contudo, fazer algo dentro de nós. Podemos alterar a maneira como reagimos às coisas, como vemos as coisas. Podemos mudar o modo como as experimentamos. Se formos capazes de fazer isto, nunca mais teremos problemas.

Claro que há situações na vida que devemos modificar. Às vezes é mais fácil alterar as coisas práticas do que tentar outras soluções. Há, por exemplo, uma história sobre um grande Mestre Hindu que, numa dada altura, vivia em Calcutá e conseguia andar sobre a água do Rio Ganges. Alguns estudantes foram vê-lo e pediram-lhe para os ensinar a caminhar sobre a água. Pediram-lhe tantas vezes que ele por fim lhes perguntou: "Veem aquele barco no rio?".

"Sim", disseram eles.

"Veem como flutua facilmente?" disse ele.

"Sim."

"Se querem andar sobre a água é melhor arranjarem um barco. É muito mais rápido e fácil do que aprenderem a caminhar sobre a água!" Disse-lhes que era mais económico, fácil e benéfico aprenderem a remar do que aprenderem a andar sobre a água. Porque mesmo que fossem capazes de aprender, levariam muito tempo e se isso fosse a única coisa que sabiam fazer não era muito útil. Portanto, não era a melhor forma de usarem o tempo.

Claro que, na vida se pudermos, devemos mudar algumas coisas para melhor, mas na realidade, é sobre a nossa maneira de reagir que temos de trabalhar. Só assim teremos uma boa possibilidade de nos libertarmos. Certamente que os problemas não desaparecerão todos, mas a maneira como os vemos e reagimos a eles, o modo como experimentamos - a nossa vida e os nossos problemas - será certamente diferente.[iv]

A meditação está mais relacionada com descontrair, ser. Demasiado esforço não é útil. Treinamo-nos sendo, não fazendo.

A mente tem de se auto libertar. Tem de encontrar paz em si mesma. Tem de se tornar naturalmente flexível. E nada disto se consegue pela força.

O esforço na meditação

Pergunta: Às vezes, quando medito, a minha mente é como um cachorro cheio de energia que não se quer sentar. Faço imenso esforço para acalmar a mente e por fim verifico que, se me sentar por algum tempo a mente aquieta-se naturalmente, como se o cachorro acabasse por sentar-se por vontade própria. Pergunto, por isso, como conciliar o esforço para meditar com o permitir que algo surja por si mesmo.

Rinpoche: Diz-se que demasiado esforço não é bom. Trata-se mais de descontrairmos e simplesmente deixarmo-nos ser. Demasiado esforço não resulta. Nós treinamo-nos *sendo*, não *fazendo* Assim temos de permitir que a mente descontraia, esteja presente, temos de aprender a abrir mão. Esta é a melhor maneira de treinar. *Permitimos* que a mente repouse, não a *fazemos* sentar ou seja o que for. Não a obrigamos a nada, nem forçamos.

Normalmente há duas maneiras de fazer as coisas. Se alguém nos coagir e exigir *Tens* de te sentar! Provavelmente não queremos sentar-nos. Mas, se nos disserem "Se quiseres, podes sentar-te aqui", até poderemos ter vontade de nos sentarmos. Se alguém nos proibir de fazer algo, o mais provável é que queiramos fazê-lo. Eu pelo menos sou assim.

Demasiada pressão, demasiado querer, não funcionam. Se estivermos um pouco mais descontraídos, normalmente tudo se passa melhor. A mente tem de estar livre. Tem de encontrar paz nela mesma. Tem de se tornar naturalmente flexível e isto não acontece à força. Esta é a maneira de abordarmos a meditação. Na Meditação Shamatha (calma mental) não se faz muito esforço. O truque é deixar a mente à vontade para que se acalme naturalmente. Só temos de descontrair e manter um pouco de atenção.[iv]

Quando a compaixão, a alegria e as ações positivas aumentam, isso é a acumulação de mérito. Mas, na verdade, não se trata de acumular algo, mas antes, de se libertar de alguma coisa. Libertarmo-nos dos maus hábitos e das ações e emoções negativas.

Mérito

No Budismo falamos de dois tipos de acumulação: a acumulação de mérito e a acumulação de sabedoria. A acumulação de sabedoria é compreender e experimentar a maneira como as coisas realmente são. A acumulação de mérito é quando a nossa forma negativa de agir e de reagir diminui e as ações positivas aumentam. Quando a compaixão, a alegria e as ações positivas aumentam, isso é a acumulação de mérito.

Mas o mérito não é algo que acumulamos como uma coisa que se põe numa mala e depois se carrega por aí. Não funciona assim. É como aquilo a que chamamos Iluminação. Esse resultado, em Tibetano, diz-se *dral-thob* e é o resultado alcançado através de uma libertação, quando nos tornamos *livres de*. *Dral* significa "livre de".

Se nos libertarmos do sofrimento e da ilusão por completo, tornamo-nos iluminados. Não se trata de obtermos algo que não tínhamos antes, mas sim de nos *libertarmos* de alguma coisa – de todas as falsas perceções, de todos os obstáculos, de todos os obscurecimentos – que nos impediam de experimentar o que passámos a experimentar. É o resultado produzido por termos *revelado* algo, por nos termos *libertado* de alguma coisa.

Do mesmo modo, acumular mérito não é realmente acumular mas sim libertarmo-nos de alguma coisa. É libertarmo-nos dos maus hábitos e das ações negativas. Por isso, a acumulação é, na realidade uma acumulação de libertações![iv]

Ouvir as escrituras e refletir liberta do não-saber.
Contemplar as instruções dissipa a obscuridade da dúvida.
A luz da meditação revela com clareza a natureza tal qual é.
Que o fulgor das três sabedorias se intensifique![vii]

Os Meios Hábeis do Vajrayana

Na nossa verdadeira natureza não há nada fundamentalmente errado. Não precisamos acrescentar nada. A nossa verdadeira natureza é livre e já está presente. Só temos de remover o que a cobre. Quando verdadeiramente compreendemos isto, ganhamos confiança pois sabemos que não há absolutamente nada de errado com a nossa natureza profunda.

A nossa verdadeira natureza

Um aspeto muito importante para nos libertarmos do medo é saber que na nossa verdadeira natureza não há nada de errado. Não há nada que precisemos de *adicionar*. A nossa verdadeira natureza é livre e já está presente. Nós só temos de *retirar* o que a cobre. Quando isto se torna a nossa visão ou maneira de pensar, tornamo-nos muito mais confiantes pois sabemos que não há absolutamente nada de errado no fundo de nós. O que quer que esteja mal é apenas algo que tem estado a "poluir" a nossa verdadeira natureza.

Buda dá o exemplo da água dizendo que a água pode estar suja com poeira, terra e outras coisas ao ponto de não ser potável. Porém, como o que a polui não faz parte da sua natureza, ela pode ser purificada. A natureza da água é pura e é por isso que pode ser purificada. O mesmo se passa com a nossa verdadeira natureza que é a Natureza de Buda.

Ao nível do Mahayana, ou Bodhisattvayana, a nossa natureza está presente e pode ser purificada. Para a purificarmos, temos de fazer algo, temos de nos libertar das coisas que a poluem. É assim que podemos purificar a nossa natureza. Este é o ensinamento e por isso trabalhamos nas Seis Paramitas que são: a generosidade, a ética, a paciência, a diligência, a meditação e a sabedoria. É assim que nós praticamos.

Contudo, o Vajrayana inclui algo mais sobre a Natureza de Buda. No Vajrayana há uma introdução direta à natureza da mente, o que significa que a Natureza de Buda, que é a Natureza de cada um de nós, pode ser "mostrada" diretamente a alguém. Mas, para isso, são precisas certas circunstâncias. Por exemplo, o mestre certo pode apresentar a natureza de Buda alguém que esteja suficientemente aberto para a experimentar. Isto é extremamente importante, é um método direto de comunicação a que se chama *transmissão*. Trata-se de um ensinamento direto que não é apenas conceptual, mas um misto de processos de comunicação conceptuais e não conceptuais.

Por vezes chamamos a isto a apresentação à natureza da mente.

Os estudos de filosofia Budista conduzem-nos, progressivamente, do conceptual para o não conceptual. A verdadeira natureza do modo de ser das coisas não é conceptual. É livre de conceitos. Temos de ir para além dos conceitos.

Verdade e conceitos

As palavras são como símbolos, símbolos de conceitos e por isso podem significar coisas totalmente diferentes para pessoas diferentes. Mas, quando comunicamos, não usamos só palavras.

Geralmente quando comunicamos, mesmo da maneira habitual, as palavras que usamos são apenas uns 20% da comunicação. Comunicamos os outros 80% por outros meios, como o tom da voz, a expressão facial, etc. Por exemplo, usamos as mãos para gesticular. As mãos ajudam? Não sei. Às vezes um gesto pode comunicar que não sei como dizer o que quero dizer!

No Vajrayana há uma comunicação que se chama introdução direta à natureza da mente. É a isto que nos referimos como *transmissão*. Fala-se de três métodos de transmissão que são a transmissão "Mente a Mente"; a transmissão "Simbólica"; e a transmissão "Oral". Seja qual for o método envolvido, o objetivo é *experimentar* a nossa verdadeira natureza *de maneira direta*.

É a isto que chamamos a transmissão direta da nossa natureza e refere-se a qualquer dos métodos para realizarmos esta natureza. Nem sempre é necessária uma transmissão dada por outra pessoa. É, na verdade, uma descoberta que fazemos sozinhos e, por isso, em última análise, não é algo que possa ser dado por outra pessoa. Na verdade, trata-se de vermos, muito claramente, a nossa verdadeira natureza, o que realmente somos. Isto é descobrir a Natureza de Buda.

É algo que se estuda no Budismo Bodhisattvayana e Vajrayana. Filosofias como a Interdependência, a Vacuidade e a Ausência de Existência Intrínseca do Eu, todos estes ensinamentos, debates e análises do Mahayana, ou Bodhisattvayana, são para estudar a Natureza de Buda. A sua função é levar-nos à compreensão da nossa verdadeira natureza. O que estudamos na literatura é uma abordagem mais intelectual, mas estes estudos e reflexões intelectuais são um pouco diferentes dos estudos comuns e habituais.

Nos estudos habituais, lemos algo e dizemos: "É isso mesmo, agora percebi, está tudo claro!" Mas nos estudos das filosofias Budistas e outras semelhantes, trata-se de nos levar lentamente dos conceitos para os não-conceitos, de nos levar, pelo raciocínio e a análise, a descobrir que, seja o que for que digamos sobre como as coisas são ou de que maneira as concebemos, a realidade não é assim. Se virmos desta maneira, não está certo; se virmos de outra maneira, também não. Se acharmos que percebemos as coisas de outra maneira ainda, descobriremos que também não está certo. Seja qual for o ponto de vista, nunca é o correto, e com isto o que se quer dizer é que não é a visão global. Então o que podemos fazer?

A verdadeira natureza das coisas não é conceptual. É livre de conceitos. Temos de ir para além dos conceitos. Temos de compreender o modo como as coisas são, para além de qualquer uma das habituais formas de compreensão conceptual. Isto é um pesadelo para a mente intelectual.

Não sei se vos acontece, mas quando eu estudei o Madhyamika (uma das principais filosofias Budistas), quase enlouqueci por causa disso! É um assunto muito difícil porque não há nada a que nos possamos agarrar. Tudo a que nos tentamos agarrar é-nos retirado. Tentamos, uma vez e outra... deve haver alguma coisa a que nos possamos agarrar... algures... Mas, não encontramos nada a que nos possamos agarrar de forma definitiva. E esse é o objetivo. Levar-nos a um estado quase meditativo.

Nem é isto nem é aquilo. Está para além dos dogmas, para além das palavras, para além das certezas. Está para além de quaisquer fins. Às vezes diz-se se que está para além dos extremos. Não é "Sim". Não é "Não". Não é "Nem sim, nem não". Não é "Sim e não". E, se quisermos argumentar ainda mais, podemos dividir em oito ou dezasseis opções, mas nenhuma delas estará certa.

Logo, só nos resta a experiência, a experiência direta de como é.

É por isto que a história que se segue é tão fantástica. Penso que é uma história Cristã:

Uma vez um diabo e o seu assistente estavam a observar um ser humano a andar de um lado para o outro, num pátio. O diabo estava a observar o homem com muita atenção e o assistente também (pois os assistentes habitualmente, fazem o que o chefe faz). De repente houve uma grande e brilhante explosão de luz.

O assistente perguntou: "O que aconteceu? O que é isto?"

E o diabo respondeu, calmamente: "Ele acabou de descobrir a Verdade."

O assistente assustou-se e disse: "Isto soa a uma coisa perigosa para nós, não será?" – pois ele ouvira que a Verdade era a queda do império do demónio.

Mas o diabo respondeu: "Não, não tem importância. Assim que ele tentar transmiti-la a outro, essa pessoa torná-la-á num dogma. Por isso, isto não nos afeta".

É-nos muito difícil ultrapassar os dogmas, mas essa é a ideia. O mais importante, se quisermos reconhecer a nossa verdadeira natureza, é ultrapassarmos os conceitos e os dogmas e experimentá-la de forma direta. Isto, de certo modo, é a meditação pois é uma experiência direta que não é uma experiência de preensão. Não é fácil falar disto porque, assim que falamos de qualquer coisa, o que quer que digamos, torna-se num dogma. Mas, experimentar a nossa verdadeira natureza é muito importante e é o foco do Budismo Vajrayana.

Quando realmente conseguimos experimentar a nossa verdadeira natureza, podemos então descontrair nela. Podemos perder todo o medo. Não conseguiremos encontrar uma razão que nos faça ter medo ou qualquer uma daquelas emoções negativas. Encontramos a solução, o verdadeiro destemor.

O que, acima de tudo, nos governa não está no consciente, mas no inconsciente. Só quando conseguirmos trabalhar a esse nível profundo é que poderemos alterar completamente a nossa forma de percecionar, experimentar e reagir.

Trabalhando a um nível experiencial

Libertarmo-nos de todos os medos é muito difícil. Para começar, é muito difícil permanecer para lá dos conceitos. Depois também é extremamente difícil transformar a nossa maneira de ser – as nossas tendências habituais e o nosso karma. Por isso precisamos de métodos muito diretos para verdadeiramente nos transformarmos. Um método puramente conceptual não funciona. Por exemplo, racionalmente sabemos que temos de ser mais positivos, mas isso, só por si, não nos muda. Sabemos que temos de nos tornar mais positivos, mas a questão é: como nos tornamos mais positivos? Talvez tenhamos de começar por procurar coisas positivas e nos concentrarmos nelas. Mas estamos rodeados de tantas coisas negativas e tantos problemas que isto, por si só, não chega.

Esta maneira de trabalhar é boa, mas não passa do nível conceptual. Se estivermos presentes e atentos pode funcionar um pouco ao nível do consciente, mas e o nível inconsciente? Este treino não funciona sobre o inconsciente, e é ele quem mais nos governa, não o consciente. A menos de trabalharmos a esse nível profundo, não seremos totalmente capazes de modificar a nossa maneira de percecionar, experimentar e reagir. Elas vêm de um nível muito profundo, que é de onde surgem as nossas emoções. É claro que também podemos trabalhar conscientemente sobre nas nossas emoções. Podemo-nos dizer: "Isto não é positivo, esta não é a melhor forma, isto não resulta." Lentamente as coisas podem mudar um pouco por pensarmos assim. Mas é difícil.

O que é mais importante no Vajrayana é trabalhar sobre como somos, não apenas ao nível conceptual, mas ao nível experiencial, ou não-conceptual. Esta é a questão de fundo. Geralmente diz-se que a diferença entre a prática Vajrayana e a prática comum, é que a prática Vajrayana usa o *resultado* como caminho enquanto os outros ensinamentos Budistas – mais precisamente o Sutrayana – usam a *causa*.

O que queremos dizer com isto? Por exemplo, se quisermos gerar compaixão temos de criar experiências positivas e não negativas. É importante porque, geralmente, cada um de nós experimenta muitos problemas e a nossa mente tende a focar-se neles.

As três coisas mais importantes que precisamos de treinar e desenvolver são:

- Sentirmo-nos positivos e experimentar coisas positivas
- Compaixão
- Experimentar a nossa verdadeira natureza que é sabedoria.

Quando praticamos o desenvolvimento da compaixão, isso abre-nos o coração e tornamo-nos mais positivos. É por isso que é bom sermos bondosos para connosco e para com os outros. Isto é compaixão. Também temos de experimentar o nosso lado positivo que é felicidade e alegria. Precisamos de falar e pensar sobre a felicidade, e de nos sentirmos felizes. Além disso, é importante experimentar a nossa verdadeira natureza, a verdade, o modo como somos. As técnicas Vajrayana consistem em trabalhar sobre estes três aspectos ao nível fundamental ou experiencial.

Podemos usar um Buda ou um Bodhisattva como caminho. Começamos por visualizar e sentir a presença desse tipo de ser. Alguém que irradie o amor mais poderoso, a maior compaixão, a sabedoria mais elevada e o mais formidável poder. Conforme visualizamos esta presença já estamos a treinar-nos a sentir estas qualidades em nós mesmos.

Usando o resultado como caminho

Como fazemos para nos sentirmos positivos, desenvolver a compaixão e experimentar a nossa verdadeira natureza – que é sabedoria – segundo a perspetiva do Vajrayana? Os métodos do Vajrayana, através dos quais nós nos treinamos de forma não conceptual chamam-se práticas de *criação* e de *conclusão*. Há muitíssimos ensinamentos acerca disto e inúmeras práticas com ligeiras diferenças, mas a essência é muito simples. Trata-se de uma prática, ou seja, de um treino. A prática Vajrayana chama-se *sadhana*. É aqui que usamos o resultado como via.

Como usar o resultado como via? Podemos usar um Buda ou um Bodhisattva como caminho e esta é a abordagem da sadhana. Por exemplo, Avalokiteshvara, o Bodhisattva ou Buda da compaixão (também chamado Chenrezig) ou Tara, uma Bodhisattva, da qual se diz que é a Bodhisattva da Intrepidez. É, por assim dizer, o arquétipo da bravura e da coragem.

A prática consiste em sentirmos a presença desse tipo de Bodhisattva, por exemplo, um ser de grande coragem. Sentimos a presença de Tara desta forma, sentimos a energia desse tipo de valentia. Sentimos a presença não apenas de Tara, mas de *todos* os seres iluminados. Sentimos essa energia, essa presença.

Chamamos a isto "visualização". Por vezes as pessoas têm alguma dificuldade com a visualização porque pensam que têm de ver algo em particular, mas não se trata tanto de ver, mas de *sentir*. Sentir a presença de alguém que irradia o amor mais poderoso, a maior compaixão, a sabedoria mais elevada e o mais formidável poder. Podemos beneficiar do que quer que seja em todo o universo que tenha essa energia.

Se conseguirmos sentir essa presença, isso já é uma prática extraordinária porque quando conseguimos sentir a presença de alguém que é personificação do amor bondoso, da compaixão e da sabedoria iluminada já estamos a treinar-nos nessa sensação. Já estamos a praticar a compaixão, a praticar a sabedoria. Estamos a praticar a cura e os sentimentos positivos. É uma maneira não conceptual de trabalhar diretamente sobre tudo isso.

Por vezes dizemos que Buda é como se fosse um amigo desconhecido. Ele é alguém que não conhecemos, com quem não estamos familiarizados e que, contudo, é o nosso melhor amigo. É alguém que é sempre positivo, que quer sempre ajudar, que está sempre a tentar fazer alguma coisa útil e que traga resultados benéficos.

Um amigo desconhecido

A principal aspiração de todos os Budas e Bodhisattvas é ajudar todos os seres. É muito importante percebermos que, do ponto de vista Budista, quando se fala de todos os Budas e Bodhisattvas não nos referimos apenas aos Budas e Bodhisattvas *Budistas*. Quando dizemos que sentimos a presença de todos os Seres Iluminados, dizemo-lo de uma forma inclusiva. A principal intenção de todos estes seres é ajudar, e não existe um Buda ou um Bodhisattva zangado com alguém.

Às vezes há pessoas que me dizem: "Não posso fazer isto senão o Buda vai zangar-se comigo!"

Esta forma de pensar não existe, de todo, no pensamento Budista. Buda não se pode zangar connosco e, ainda que se zangasse, não poderia fazer-nos nada de mal, portanto, seria tanto pior para ele! Ninguém precisa de ter medo de que Buda se zangue. Isso, do ponto de vista Budista não existe. Buda é alguém que é sempre positivo, sempre prestável, sempre a querer ajudar, sempre a tentar fazer algo que seja útil e traga bons resultados.

Portanto, quando nos treinamos para sentir a presença de um Buda ou Bodhisattva, é para sentirmos a presença de alguém assim. Às vezes dizemos que Buda é como um amigo desconhecido. Ele é alguém que não conhecemos, com quem não estamos familiarizados e que, contudo, é o nosso maior amigo. Sentimos então a presença de um querido amigo, que nunca teria a intenção de fazer fosse o que fosse que, de alguma maneira, nos pudesse prejudicar. Ele só está focado em ajudar. O que quer que façamos, ele nunca terá maus sentimentos para connosco.

Mas não é tudo. Ele é, ainda, um poço de sabedoria, sendo perfeitamente sábio e omnisciente. E como se não bastasse, ainda possui todo o poder necessário para ajudar e curar: um poder curativo completo e integral.

Quando sentimos a presença de todos os Budas e Bodhisattvas, também sentimos a presença de todos os seres, aqui connosco, sem excluir ninguém. Acolhemo-los a todos e temo-los a todos presentes ao espírito. Quando sentimos que estamos todos juntos desta forma, estamos a trabalhar a compaixão.

Todos estão incluídos

Quando sentimos a presença de um Buda ou Bodhisattva, rodeado por todos os Budas e Bodhisattvas, estamos a trabalhar sobre o desenvolvimento das qualidades, mas isso não basta. Também sentimos a presença de todos os seres, aqui, connosco, desde os que nos são mais próximos e queridos, os nossos amigos e conhecidos, alguém para quem desejamos proteção e cura, e de todos os seres que existem através do espaço. Quando sentimos a presença de um ser totalmente realizado e compassivo, sentimos que todos os outros seres também estão aqui connosco e que, por isso, também estão a sentir a sua presença. Assim, incluímos todos sem excluir ninguém.

Quando fazemos assim, o que estamos a fazer? Estamos a acolher todos mentalmente e isto é compaixão. Na nossa mente, estamos com todos os seres, sem excluir ninguém. Não podemos dizer: "Aquela pessoa foi excomungada, não falo com ela, está excluída." Ninguém é excomungado, todos são incluídos. Sentimo-nos junto de todos os seres e, quando nos sentimos assim, estamos a trabalhar sobre a compaixão.

Também estamos a praticar a bravura, pois se tivermos todos os seres nos nossos braços, quem iremos temer? O que acontece quando fazemos isto? Desejamos que todos os seres estejam livres, felizes, curados e purificados. Por isso fazemos um pedido, uma oração, um voto, uma dedicatória ou aspiração, ou o que quer que lhe queiram chamar, de que todos estes seres, juntamente connosco, possam ser curados, purificados e transformados. Isto faz parte da prática Vajrayana.

Quando fazemos um voto, oração ou aspiração de que todos os seres, junto connosco, possam ser curados, purificados e transformados, para o fazermos da forma mais profunda, podemos fazê-lo com um mantra.

Usar um mantra

No Vajrayana o mantra é uma forma de fazer um pedido ou oração, uma maneira de dar voz a um desejo ou aspiração. Um mantra é um tipo de oração. Quando dizemos um mantra, enquanto visualizamos um Buda ou Bodhisattva, sentimos que a energia curativa que irradia dele, da sua mandala ou de todos os Budas e Bodhisattvas e de toda a sua energia positiva, irradia luz ou poder curativo. *Sentimos* como se isso estivesse a acontecer o que cria a possibilidade da prática se tornar numa experiência física.

Sentimos a luz ou irradiação, por vezes é um fluxo de néctar ou algo desse tipo. Sentimo-lo no nosso corpo, sentimos seu calor e o seu poder purificador e a sensação de estar a recebê-lo pode-nos trazer algum tipo de bem-estar ou alegria. Sentimos que o nosso corpo está totalmente purificado e tudo o que, no corpo e na mente, for negativo é purificado. O karma negativo, as emoções negativas, a dor e os problemas, tudo o que haja de negativo, tudo é purificado e sentimos a alegria dessa purificação.

Sentimos alegria não apenas por nós, mas por todos os seres que sentimos estarem a ser purificados e a sentir o mesmo. E ao experimentar isto, o que está realmente a acontecer é que estamos a trabalhar sobre a compaixão, já que estamos a permitir que isto aconteça a todos os seres, sem qualquer exceção. Estamos a treinar-nos em sentimentos positivos uma vez que, quando sentimos que todos foram purificados, curados e transformados, somos nós que o estamos a sentir.

Quando sentimos que todos estão nesse estado mental totalmente purificado, transformado e curado, sentimo-nos assim também. Sentimo-nos, incontestavelmente alegres e felizes. Se sentirmos, verdadeiramente, que todos os seres estão felizes e contentes é impossível não termos no rosto um sorriso espontâneo. Assim, treinamo-nos para nos sentirmos felizes e sem medo. A prática é isto - uma experiência. Não se trata de pensar: "Tenho de me sentir assim, tenho de fazer desta maneira", mas simplesmente sentir e experimentar de forma direta.

Então, no final de uma visualização, esse Ser, Tara por exemplo, dissolve-se em luz e em nós. Sentimo-nos inseparáveis de Tara, pois a nossa verdadeira natureza e a de Tara são exatamente iguais. Não há diferença. A nossa verdadeira natureza e a de Buda não são diferentes, são exatamente iguais. Portanto sentimos o mesmo que Tara e podemos deixar a nossa mente permanecer totalmente descontraída e sem temor, tal como Tara. Quando podemos descontrair totalmente, sem pensar no passado, nem no futuro, sem manipular o presente, mas sendo apenas naturais, isso é, de facto, experimentar a verdadeira natureza da mente e, portanto, é a prática da sabedoria.

A relação entre o mestre e o discípulo é o método de aprendizagem no Vajrayana. É o meio pelo qual um discípulo pode aprender a praticar correta, sincera e profundamente.

A relação mestre-discípulo

No Vajrayana coloca-se muita ênfase na relação mestre-discípulo. Esta relação é o método de aprendizagem. Não é senão a aprendizagem de como praticar corretamente, sincera e profundamente.

Quando falamos de relação, isso não quer dizer que vamos receber um presente. Isso seria um completo mal-entendido. Temos de perceber realmente como fazer a prática. É por isso que se diz que quanto mais praticarmos e quanto melhor for a nossa prática, maior a devoção pelo mestre. A devoção aumenta quando experimentamos os resultados positivos e benéficos da prática. Quanto mais sentirmos o resultado regenerador da prática, maior a nossa confiança nos ensinamentos. Quanto maior a nossa confiança nos ensinamentos, mais a nossa confiança no mestre aumenta.

Foi por isso que Milarepa disse a Gampopa – que era o seu melhor discípulo: "Dei-te todos os ensinamentos, agora vai praticá-los no Tibete Central. Um dia vais ver o teu velho mestre, eu, como um Buda. Nessa altura podes começar a ensinar porque terás realmente captado, terás verdadeiramente compreendido."

Acho que esta é uma mensagem poderosa, porque se realmente compreendermos, retirarmos algum benefício e chegarmos ao ponto em que tratamos os problemas através da nossa prática então a nossa confiança, fé e certeza nos ensinamentos e no mestre aumentam. É por isto que, do ponto de vista do Budismo Tibetano, quanto mais devoção sentimos pelo nosso mestre, mais certeza teremos de que os ensinamentos nos beneficiaram.[v]

Os Budas não podem lavar a negatividade com um balde de água.
Nem remover o sofrimento com as suas mãos.
Não podem inundar-nos com a sua realização.
Eles mostram a verdadeira natureza das coisas,
Mas somos nós que temos de encontrar a libertação pela nossa prática.[viii]

Tara, Um Exemplo

A prática de Tara toma-a como uma inspiração para nos treinarmos em nos libertarmos, a nós e a todos os seres, de todos os medos – libertarmos todos os seres do medo, do sofrimento e da dor. A prática consiste em despertar as nossas qualidades latentes de sabedoria e compaixão que são, em última análise, as mesmas que as de Tara.

Tara

Buda falou do conceito de Tara e diz-se que Tara foi o primeiro e mais fundamental tantra que Buda ensinou. Ele contou a história de uma jovem princesa que viveu há muito, muito, tempo, na época de outro Buda, o Buda Amoghasiddhi. Esta princesa era muito compassiva e corajosa e fez o voto, tomou a decisão, de trabalhar em benefício de todos os seres, particularmente para os libertar de todos os medos, dos perigos e dos sofrimentos. Perante o Buda desse tempo, ela prometeu que dedicaria não apenas esta vida, mas todas as vidas futuras, a trazer paz e felicidade duradouras e, especialmente, a proteger os seres de todos os medos e perigos. Tornou-se assim numa Bodhisattva.

Fez ainda uma promessa adicional, a si mesma, de que em todas as suas vidas nunca nasceria como homem, que sempre seria mulher. Fez o voto de que, ao longo do seu caminho de Bodhisattva, e mesmo depois de se tornar Buda, sempre tomaria a forma feminina; de que atuaria para benefício de todos os seres exclusivamente na forma feminina. Quando fez este voto tão poderoso e especial, diz-se que todos os Budas e Bodhisattvas se congratularam com a sua promessa e louvaram-na pela sua dedicação e pelo seu compromisso tão especial.

Desde então, Tara não só se tornou uma Bodhisattva, como alcançou a perfeita Iluminação. Mas, como tinha prometido que não iria atingir a Iluminação até que todos a tivessem atingido também, não quer ser chamada de Buda. Ela é um Buda, mas não gosta que lhe chamem Buda. Prefere que lhe chamem Bodhisattva.

Ela ajuda os seres há tanto tempo que não existe presentemente um único Buda que não tenha sido ajudado por ela, e através dela tenha atingido a Budeidade. É por isso que, por vezes, lhe chamam a Mãe de Todos os Budas. De uma forma ou de outra, ela ajudou os Budas a tornaram-se Budas. Por causa disso, inúmeros grandes Mestres fizeram de Tara a sua prática principal. Como aspiração, como inspiração, como modelo e também para lhe pedir ajuda.

Diz-se, geralmente, que os aspetos femininos da vida agem mais depressa, um pouco como a mãe é normalmente mais rápida que o pai a chegar junto da criança que chora. Nesta, e talvez noutras tradições, pensa-se que a energia de um Buda ou Bodhisattva feminino é mais rápida a dar resposta, a agir. Diz-se por isso que, se rezarem a Tara, as coisas acontecem mais depressa do que se rezarem a Buda.

Quando falamos na prática de Tara referimo-nos a tê-la como modelo e inspiração. Não é uma prática só para as mulheres. É um método para cultivarmos a valentia em nós e nos outros, libertando-nos de todos os tipos de sofrimento, dor e problemas de uma forma rápida. O objetivo final é a obtenção da paz e da felicidade duradouras para todos os seres, tanto e tão rapidamente quanto possível. De acordo com a lenda de Tara, ela pode ajudar 100.000 seres antes do pequeno-almoço! O que significa que age com eficácia e rapidez e que reponde imediatamente.

Há muitas Taras. A Tara Branca, Verde, Amarela, Azul e Vermelha, mas pode-se falar de 8, 21 ou 108 Taras. São todas elas diferentes emanações, com energias ligeiramente diferentes, mas a principal prática de Tara é aquela em que tentamos absorver a essência de Tara, a sua energia – a sua sabedoria e compaixão – em nós. Despertamos esse aspeto de Tara da nossa própria natureza.

Do ponto de vista Budista, toda a gente tem a Natureza de Buda. O que somos, o que todos são e o que Tara é, é essencialmente o mesmo. Apenas ainda não conseguimos despertar para essa qualidade latente que temos. Precisamos de acordar para ela. Temos de a fazer surgir, reconhecendo-a e despertando as qualidades de compaixão e sabedoria dentro de nós mesmos. Quando conseguirmos fazê-lo, teremos realizado Tara. Tornámo-nos iluminados como Tara. Isto é compreender a prática de Tara.[iv]

A Tara Branca segura, junto do coração, o caule de uma flor Utpala. Essa flor é pura de qualquer mácula e está sempre viçosa, mesmo que cresça num local lamacento ou sujo. É como a sabedoria: não há problemas ou negatividade que a possam contaminar pois a sabedoria é o reconhecimento da verdadeira natureza das coisas.

As imagens de Tara Branca

De todas as diferentes emanações de Tara, a Tara Branca é especialmente invocada para a realização do que quer que seja que desejemos em termos de sorte, vida longa ou cura. Crê-se que a Tara Branca é extremamente poderosa a curar e a propiciar uma vida longa, e a proteger de tudo o que poderia fazer-lhes obstáculo, tal como as doenças, a pobreza, etc. É para estes fins que normalmente a invocamos.

A Tara Branca tem sete olhos que simbolizam a sua capacidade de ver os Sete Mundos, ou seja, tudo. O gesto, ou mudra, da sua mão direita é o Mudra da Dádiva, ou da Generosidade. Isto quer dizer que ela dá proteção e liberta do sofrimento, proporcionando o que as pessoas desejam.

A sua mão esquerda está no Mudra das Três Joias – o Buda, o Dharma e a Sangha – e segura o caule da flor Utpala. Esta flor geralmente simboliza a Sabedoria, como a flor de lótus. Mesmo que esta a flor cresça num lugar muito sujo, onde há muita poeira, terra e lama, a flor permanece intocada. Conserva-se sem mácula, não afetada pela sujidade, e está sempre viçosa. É como a Sabedoria: não há problemas ou negatividade que a possam contaminar pois a sabedoria é o reconhecimento da verdadeira natureza das coisas.

Assim, a flor simboliza a Sabedoria e o gesto de dar simboliza a Compaixão. Habitualmente há três flores. Uma é um botão que ainda não abriu, outra é uma flor totalmente aberta e a última está murcha, o que significa que Tara age nos três tempos, o passado, o presente e o futuro, constantemente, com compaixão e sabedoria.

Ela usa as vestes de uma princesa, não um de monge ou monja nem de um asceta. Ela usa todos aderecos e adornos de uma princesa, simbolizando que ela não precisa de renunciar a nada. Ela realizou tudo, não há mais nada para purificar, nada a que abdicar. Todas as qualidades de sabedoria e compaixão estão totalmente realizadas. Não resta nada para lavar, nada a retirar, nada a trabalhar. Ela está sentada sobre uma flor de lótus e um disco de lua. A flor de lótus representa a libertação do samsara, o estado de Iluminação.[iv]

O sofrimento é uma experiência, uma experiência individual que surge quando reagimos confusamente, ou com aversão ou insatisfação, a qualquer coisa que está a acontecer. Portanto, a ajuda para a libertação do sofrimento, tem de ser dada individualmente. Não obstante, muitas pessoas podem trabalhar nisto simultaneamente e serem ajudadas todas ao mesmo tempo.

Enfrentar o sofrimento

Pergunta: A minha pergunta é como podemos viver, quando sabemos a imensidão do sofrimento que existe em todo o lado. Podemos cada um fazer o nosso melhor, a nossa parte e ajudar quando podemos? Mas parece que Tara se devotou a lidar para sempre com a imensidade do sofrimento. Estou a tentar compreender o que implica Tara ter feito o voto de enfrentar o sofrimento onde quer que vá e ajudar da maneira que puder.

Devemos entender que, por exemplo, quando Tara ajuda as pessoas, ela ocupa-se específica e individualmente de cada caso de sofrimento que encontra? Não há um atalho que abarque todo o sofrimento simultaneamente? O sofrimento deste mundo parece ser tão constante e tão omnipresente! Podemos considerar que o objetivo é trabalhar com cada incidente e com cada caso individual de sofrimento que vamos encontrando?

Rinpoche: Para ajudar as pessoas a libertarem-se do sofrimento é necessário trabalhar com todos e cada um ou haverá alguma coisa que possamos fazer para libertar todos ao mesmo tempo?

O que temos de perguntar primeiro é: O que é o sofrimento? Será o sofrimento algo que existe algures, como se estivesse suspenso no ar ou que existe de uma forma semelhante? Não. O sofrimento é uma experiência, uma experiência individual, e essa experiência individual do sofrimento surge quando reagimos ao que quer que esteja a acontecer com confusão, aversão ou insatisfação. É a maneira como experimentamos que determina se vai haver sofrimento ou não. Portanto, do ponto de vista Budista, se precisamos de nos libertar do sofrimento, a solução não consiste em modificar as coisas exteriores.

Por exemplo, se o tempo está bom, isso não quer dizer que não haja sofrimento. Pode ajudar um pouco, mas não traz o fim do sofrimento. Se tudo estiver viçoso e bonito isso não traz o fim do sofrimento. O fim do sofrimento tem de partir de nós, da nossa experiência, de como reagimos às coisas, de como vemos as coisas, de como lidamos com os pensamentos, emoções, perceções e sentimentos.

Se estivermos a ajudar a que as pessoas se libertem deste sofrimento, esta ajuda tem de ser dada individualmente. Em qualquer altura pode haver muitas pessoas juntas, por exemplo numa sala, e alguém pode estar a sofrer mais que os outros; alguém pode estar a sofrer menos; e algumas pessoas podem não estar a sofrer de todo. Assim o sofrimento não é algo que exista, ou não exista, nessa sala, deve-se apenas à maneira como cada pessoa reage e experimenta. Por essa razão, não podemos libertar-nos todos do sofrimento, de uma vez só. Isso seria muito difícil.

Na história de Tara diz-se que ela pode libertar do sofrimento 100.000 pessoas antes do pequeno almoço. Isto é muita gente! Não sei se aconteceu exatamente como conta a história, é uma lenda. Mas o que acho que mostra, é que não é impossível que muitas pessoas se possam libertar do sofrimento simultaneamente. Não é como se: "Agora é a minha vez, não é a tua, portanto não podes libertar-te. Tens de esperar até eu acabar." Muitas pessoas podem trabalhar ao mesmo tempo para se libertarem do sofrimento e serem ajudadas todas simultaneamente pois o sofrimento e a libertação do sofrimento são uma questão de experiência individual. É esta a ideia.[iv]

O objetivo da meditação não é ter uma experiência agradável. O verdadeiro objetivo da meditação é aprender a lidar com todo o tipo de experiências. Como se reage ao que se experimenta é que é importante. É este o objetivo da meditação.

O verdadeiro objetivo da meditação

Quando falamos da prática da meditação é muito importante compreender qual o seu resultado. Por vezes as pessoas dizem: "A minha meditação está a correr muito bem, é tudo muito sereno e agradável. É ótimo porque não surgem pensamentos. Estou muito contente." No dia seguinte vêm dizer: "Perdi esse estado, não sei o que aconteceu... só queria voltar a experimentá-lo." Ou então: "Tive uma experiência tão extraordinária no fim de semana passado, quando estive em retiro, mas agora desapareceu."

O objetivo da meditação não é ter uma experiência agradável. As experiências meditativas podem ocorrer, mas não duram. Por vezes temos experiências agradáveis e, por vezes, outras não tão agradáveis. Ter experiências agradáveis não é o objetivo da meditação.

Qual é então o objetivo? É aprender a lidar com todo o tipo de experiências. É por isso que se diz que, quando temos uma experiência boa e falamos dela ao mestre, ele dirá apenas: "Tudo bem, mas não é importante, nem é bom, nem é mau." Mais tarde, se formos contar-lhe que tivemos uma péssima experiência, ele responderá: "Não é assim tão mau, nem tão bom, nem tão mau. Não tem grande importância."

A experiência não importa, o que importa é a maneira como reagimos a ela. É esse o objetivo da meditação. Se o que queremos é apenas uma experiência agradável, não precisamos de meditar. Podemos comer um gelado ou um chocolate. Penso que funcionaria melhor do que meditar. Porque meditar meia-hora? Mais vale comer um chocolate, se o que queremos é um pouco de prazer.

A razão pela qual meditamos não é para termos boas experiências, é para aprendermos a lidar com qualquer experiência. Quando aprendemos isto, podemos deixar as experiências acontecerem. Quando temos uma boa experiência, deixamo-la vir e deixamo-la ir. Quando temos uma má experiência, deixamo-la vir e deixamo-la ir também. É assim também que lidamos com os problemas e o sofrimento.[iv]

A prática da meditação formal é um treino, mas a verdadeira prática é a sabedoria e a compaixão. A verdadeira prática é tornar a nossa mente clara, desperta, atenta e compassiva. O objetivo é trazer para a nossa vida quotidiana essa qualidade de calma, claridade e presença que experimentamos durante a meditação, pois é disto que precisamos na nossa vida.

A Verdadeira Prática

Pergunta: Pratico com bastante regularidade a Sadhana de Tara Branca, mas, por vezes, parece-me que quando fecho a porta do quarto onde tenho o meu altar, deixo a prática para trás. Agradeço se puder falar sobre como integrar na nossa vida as qualidades de Tara que possamos ter experimentado na meditação formal. Como integrar essa experiência enquanto, por exemplo, cuido de crianças.

Rinpoche: A prática do Vajrayana inclui todos os ensinamentos do Sravakayana, do Mahayana e do Bodhisattvayana. Tudo o que está nestes veículos está também no Vajrayana e para além disso temos as práticas de "Criação" e "Conclusão" ou "Génese" e "Finalização". A fase de Criação ocorre quando se visualiza a divindade e é basicamente uma prática de Shamatha, ou seja, uma forma de meditação para tornar a nossa mente calma e clara.

Além disto, a fase de Criação também contém um meio hábil. Habitualmente quando meditamos, concentramos a nossa atenção na respiração, ou algo semelhante, para não nos distrairmos ou sermos desviados da meditação. Para isso podemos usar qualquer tipo de foco, mas quando o foco é uma divindade, como fazemos na prática do Vajrayana, estamos a usar um foco para manter a estabilidade da nossa mente e, ao mesmo tempo, a trabalhar sobre as nossas tendências habituais.

As nossas tendências habituais consistem numa forte identificação com as coisas – com o passado e o futuro. "Eu sou desta maneira, ou daquela". Quando nos visualizamos como Tara, ou qualquer outra divindade, a nossa mente está focada num ser que não tem emoções negativas, que expressa sabedoria e compaixão totalmente iluminadas. Ou seja, estamos a fazer duas coisas ao mesmo tempo: a manter a estabilidade e a calma mentais e a criar a tendência habitual de nos focarmos em algo que é totalmente puro. Esta é a fase de Criação.

Ainda no contexto da prática formal, a fase de Conclusão tem como objetivo a compreensão da natureza da mente e da realidade. Em conjunto elas constituem a prática formal de Tara. Mas qual é a *verdadeira* prática?

A verdadeira prática é sabedoria e compaixão. A verdadeira prática é que a nossa mente se torna clara, atenta, presente e compassiva. Quando estamos numa sessão de prática formal, concentramo-nos nela de corpo e alma, mas quando terminamos a sessão não temos necessariamente de nos ver como Tara o tempo todo, o importante é conservarmos esses aspetos de calma, clareza de espírito e consciência na nossa vida. E não agimos assim porque "estamos a fazer uma prática budista", mas porque precisamos dessas coisas na vida de todos os dias.

Sempre que nos sentimos agitados ou negativos, podemos pensar: "Isto é desnecessário, não devia deixar-me levar por estes sentimentos porque sei que não é bom para mim nem para os outros. Será melhor para todos que eu os evite". Então tentamos focar-nos em algo mais positivo. Do mesmo modo, se verificarmos que a nossa mente está perturbada por muitos pensamentos, podemos dizer-nos: "Esta não é uma boa forma viver." E é então que voltamos à experiência que tivemos durante a meditação. Tentamos lembrar-nos dessa experiência e relaxamos. Não estou a dizer que de repente tenhamos de nos afastar para ir meditar, é apenas algo que fazemos em silêncio e interiormente.

Se pudermos integrar estas coisas na nossa vida, ainda que seja só um pouco, penso que será uma boa prática. De certa maneira, é uma prática melhor do que fazer muitos mantras no nosso oratório. Esta é a verdadeira prática. Eu considero sempre as práticas formais, quer seja a Sadhana de Tara ou qualquer tipo de meditação ou retiro, como um treino para a prática. O treino não é a prática verdadeira. A verdadeira prática é a vida e como lidamos com ela, com os problemas e com as emoções. É aí que reside a verdadeira prática. Se tivermos algum treino que ajude a nossa prática, talvez ele nos ajude na vida quotidiana. Se o treino não ajudar na vida quotidiana é porque não foi muito bom e, portanto, foi um treino inútil. É muito importante percebermos isto.[iv]

Dedicatória

Todo este meu falatório,
Feito em nome do Dharma
Foi posto por escrito fielmente
Pelos meus queridos discípulos de visão pura.

Peço para que pelo menos uma fração da sabedoria
Daqueles Mestres Iluminados
Que incansavelmente me treinaram
Transpareça através desta massa de incoerência.

Possam os esforços sinceros de todos aqueles
Que trabalharam com afinco
Contribuirem para a difusão do verdadeiro sentido do Dharma
Junto dos que estão inspirados para o conhecer.

Possa isso ajudar a dissipar a escuridão da ignorância
Nas mentes de todos os seres vivos
E levá-los à total realização
Livre de todos os medos.

Ringu Tulku

Glossário e Notas

Amoghasiddhi (*don yod grub pa* em Tibetano) é o Buda da Família Karma. O seu nome significa "Realização do que é Significativo"

Avalokiteshvara (também chamado **Tchenrézi**) (*spyan ras gzigs* em Tibetano) é o Bodhisattva da Compaixão, uma emanação do Buda Amitabha. É o aspeto compassivo da mente de Buda, manifestado sob a forma de uma divindade. É reverenciado como a Divindade Protetora do Tibete. As suas formas mais comuns são a de quatro e a de mil braços.

Bodhicharyavatara é um texto clássico do Mahayana, ou do Bodhisattvayana, que descreve o caminho do Bodhisattva. Foi escrito por Shantideva, um grande académico indiano, que o compôs enquanto era um monge aparentemente vulgar, no grande Mosteiro de Nalanda. Escrito durante o século oitavo e quase de seguida amplamente aclamado na Índia. Traduzido para Tibetano durante o século nove.

Bodhicitta (*Bodhichitta* em Sânscrito; *byang chub kyi sems* em Tibetano) é a essência do coração de Buda, que é a Iluminação. A raiz da palavra *Bodh* significa conhecer, ter o conhecimento e compreensão totais e *Citta* é a mente-coração ou o "Sentir do Coração". De um ponto de vista prático, Bodhicitta é compaixão imbuída de sabedoria.

Bodhisattva (em Sânscrito; *changchub sempa* em Tibetano) e vem da raiz *Bodh* que significa conhecer, ter a total compreensão. O termo descreve um ser que se comprometeu a trabalhar em benefício dos outros, de modo a trazê-los para um estado duradoiro de paz, felicidade e libertação do sofrimento. O Bodhisattva não tem de ser Budista. Pode provir de qualquer tradição espiritual ou não pertencer a nenhuma. O ponto essencial é que tenha o desejo compassivo de libertar todos os seres do sofrimento, sabendo, através da Sabedoria, que esta libertação é possível.

Bodhisattvayana é o mesmo que **Mahayana** (literalmente "O Grande Veículo" do Budismo) e é o caminho do Bodhisattva. Enfatiza os ensinamentos do Buda sobre a interdependência, a compaixão e a Bodhicitta. Estes ensinamentos são um desenvolvimento dos ensinamentos do Sravakayana (o veículo base do Budismo), em que o objetivo da Iluminação é visto como sendo a libertação de todos os seres vivos, e de nós mesmos, do sofrimento. O voto do Bodhisattva é trabalhar de modo a libertar todos os seres do sofrimento. Veja também *Sravakayana e Mahayana*.

Buddhadharma são os ensinamentos de Buda, que incluem todos os ensinamentos Budistas orais e escritos, bem como os ensinamentos literais e os que se aprendem através da prática.

Budismo Mahayana (*Mahayana* em Sânscrito; *tek pa chenpo* em Tibetano) traduz-se como "Grande Veículo". É o segundo veículo do Budismo que enfatiza os ensinamentos sobre a interdependência, a compaixão e a Bodhicitta. Ele procede dos ensinamentos Sravakayana (o veículo de base do Budismo) e vê o objetivo da iluminação como sendo a libertação do sofrimento de todos os seres sensíveis e de si mesmo. Este é o caminho do Bodhisattva (ver mais acima) e, portanto, também se pode chamar de Bodhisattvayana. Ver também *Bodhisattvayana*.

Budismo Vajrayana (em Sânscrito; *dorje tek pa* em Tibetano) *Vajra* significa "semelhante ao diamante" ou "indestrutível" indica algo que está para além do que surge e cessa, sendo por isso indestrutível. O Vajrayana é o terceiro veículo do Budismo e oferece um caminho para a sabedoria compassiva que vê através de toda a ilusão. Incorpora e aceita todos os ensinamentos do Sravakayana e do Bodhisattvayana (ou Mahayana) e também inclui ensinamentos sobre Tantras e vários Meios Hábeis. Introduz o conceito da Natureza de Buda e usa o método de utilizar o resultado como via. Pode proporcionar ao praticante um rápido progresso, se for praticado de acordo com os fundamentos da Via Budista. Ver também *Bodhisattvayana, Mahayana, Sravakayana*.

Caminho Óctuplo (ou o **Nobre Caminho Óctuplo**) descreve oito aspectos do caminho dos Seres Nobres: que são a Correta ou Perfeita Visão, Pensamento, Palavra, Ação, Subsistência, Esforço, Atenção ou Concentração. O caminho da prática consiste no cultivo ou desenvolvimento destes oito aspectos.

Chenrezig, ver *Avalokiteshvara*.

Contos de Jataka são histórias sobre as vidas anteriores de Buda, tanto na forma humana como na forma animal, e datam de cerca do século IV A.C. O ente que viria a ser o Buda aparece nestes contos sob múltiplas formas. Por exemplo, um rei, um intocável, um deus ou um elefante que sempre exibiam uma virtude que é apresentada em cada conto.

Divindade / Divindades (*istadevata* em Sânscrito; *yi-dam* em Tibetano) no Budismo são representações que incarnam a mente iluminada. São visualizadas, ou representadas, sob diversas formas para fazer surgir diferentes aspetos da sua pureza essencial. Durante as práticas formais, o praticante pode visualizar uma divindade na sua frente, por cima da sua cabeça ou pode visualizar-se como a própria divindade. As divindades incitam-nos a ver o estado puro da realidade, um estado que não nos limita nem cria problemas, sendo por isso um estado libertador.

Dharma (em Sânscrito; *chö* em Tibetano) é uma palavra com muitos usos. No sentido mais alargado significa tudo o que pode ser conhecido ou a maneira como as coisas são. O outro significado importante são os ensinamentos de Buda, também chamados *Buddhadharma*. Ver *Buddhadharma*.

Dilgo Khyentse Rinpoche (1910 – 1991) foi um destacado Mestre de Dzogchen e representante da Escola Nyingma do Budismo Tibetano. Foi ainda um dos Mestres de Raiz de Ringu Tulku.

Espíritos Ávidos existem num mundo em que nunca conseguem estar satisfeitos. Eles representam o desejo insaciável e são descritos como tendo bocas muito pequenas, pescoços estreitos e grandes barrigas.

Fase de Conclusão na prática Vajrayana é a etapa de uma prática em que a visualização produzida na Fase de Criação (ver abaixo) se dissolve de novo na mente do praticante que a produziu. Ela dá ao praticante a oportunidade de permanecer assim num estado de realidade não dual, que é o objetivo da prática.

Fase de Criação na prática Vajrayana é o processo segundo o qual o praticante visualiza e sente a presença de uma divindade que é a incarnação de uma energia iluminada. Refere-se à criação geral e específica deste sentimento e desta visão, treinando a mente do praticante de diversas maneiras, como por exemplo familiarizando-a com a concentração calma e focada num ponto.

Fase de Génese, ver *Fase de Criação*.

Flôr Utpala ergue-se da lama e é, tal como o nenúfar ou lótus, um símbolo de pureza e sabedoria.

Gampopa (1079 – 1153) foi o principal discípulo de Milarepa. Era um excelente médico e pai de família até que uma epidemia lhe levou a mulher e os filhos, altura em que se fez monge e dedicou a sua vida ao Dharma. Recebeu ensinamentos de muitas fontes e reuniu as primeiras correntes dos ensinamentos das linhagens Kadampa e do Mahamudra que vieram a formar a Escola Kagyu. Teve muitos discípulos, entre eles Düsum Khyenpa, que foi o primeiro Karmapa. Gampopa escreveu *O Ornamento de Joias da Libertação* que é um texto Kagyu fundamental.

Interdependência descreve a visão filosófica fundamental do Budismo. Pode ser traduzida igualmente por "Origem Dependente", "Origem Interdependente", "Surgimento Co-dependente", "Origem Co-dependente ou "Vacuidade". Todos os fenómenos são percebidos como existindo, não como entidades distintas, mas como resultado de um número incalculável de condições interdependentes. Ver *Vacuidade*.

Kagyu (em Tibetano) *Ka* significa oral e *gyu* significa linhagem. É a linhagem da transmissão oral e é também conhecida como "Linhagem do Significado e da Bênção" ou "Linhagem da Prática". É uma das quatro maiores escolas de Budismo Tibetano. Foi fundada no Tibete por Marpa e é liderada por Sua Santidade o Karmapa que atualmente é S.S. o XVII Karmapa Urgyen Trinley Dorge. As outras três principais escolas do Budismo Tibetano são a escola Nyingma, a Escola Sakya e a Escola Guelug.

Karma (em Sânscrito; *le* em Tibetano) o seu significado literal é "ação" e refere-se ao ciclo de causa e efeito que é desencadeado pelas nossas ações. Ações essas que são influenciadas ou motivadas pelas *kleshas* (ver mais abaixo), como por exemplo a raiva ou o desejo, e tendem a criar resultados que lhes são semelhantes e que aumentam a nossa tendência para ações idênticas. Estas tendências ficam em nós e tornam-se na nossa maneira de ser habitual, que é o karma. De acordo com o nosso nível de atenção podemos modificar o nosso karma, aperfeiçoando conscientemente as nossas ações.

Karmapa é o nome de uma série de grandes Lamas da escola Kagyu cuja linhagem de reencarnações se inicia com Dusum Khyenpa (1110 – 1193). Eles foram os primeiros Tulkus reconhecidos no Tibete. Veja também *Kagyu*.

Klesha (*kleśa* em Sânscrito; *nyön mong* em Tibetano) referem-se às máculas, venenos mentais ou emoções negativas. Incluem qualquer emoção ou estado mental que perturbe ou distorça a nossa consciência. São elas que provocam a manifestação da nossa experiência do sofrimento e que impedem as experiências de amor, de alegria e de felicidade. As três principais kleshas são o apego ou desejo, a aversão e a ignorância. As múltiplas combinações destas fazem surgir as cinco kleshas que, além destas três, são o orgulho e o ciúme.

Lama (em Tibetano; *guru* em Sânscrito) significa Professor ou Mestre. *La* significa que não há ninguém superior em termos de realização espiritual e *Ma* refere-se a uma compaixão maternal. Assim a sabedoria e a compaixão são ambas manifestadas pelo Lama. A palavra está conotada com "pesado" ou rico de atributos positivos e de bondade.

Madhyamika (em Sânscrito) – Significa literalmente "O Caminho do Meio" e é a mais influente das quatro principais escolas filosóficas do Budismo Indiano. É o Caminho do Meio que evita que possamos cair nos extremos do eternalismo ou do niilismo.

Mandala (em Sânscrito; *kyil khor* em Tibetano) significa um círculo com um centro e uma borda e, literalmente, refere-se a tudo o que há dentro desse círculo. No Budismo, a mandala de um mestre inclui tudo e todos os que estão associados com ele. Mandala também pode ser uma representação real ou gráfica que simbolize todos os aspetos de uma divindade e que seja usada como um suporte para meditação. Pode ainda ser uma representação simbólica de todo o universo, que pode ser visualizado e oferecido na mais pura das formas, de modo a beneficiar todos os seres.

Mantra (em Sânscrito; *sngags* em Tibetano) a palavra Mantra corresponde a uma abreviação de duas sílabas que são mana e tara, com o respetivo significado de "mente" e "proteção," o que quer dizer que vem da mente e dá proteção através da transformação. Mantras são as palavras ou sílabas que em Sânscrito expressam ao mais alto nível as energias específicas de uma divindade. Elas protegem a mente da distração e servem de suporte para a meditação. Os Mantras podem ser cantados ou recitados em voz alta, em voz baixa (como se diz, num tom de voz "que o colarinho consiga ouvir") e em silêncio.

Milarepa (1040 – 1123) é talvez o mais famoso e mais querido entre os poetas-santos tibetanos. Foi o arquétipo dos yogis errantes que se tornou famoso pelos seus espontâneos cantos de iluminação. Depois de uma carreira inicialmente pouco auspiciosa como feiticeiro negro, diz-se que atingiu a Perfeita Iluminação em uma única vida, graças aos difíceis desafios e ensinamentos de Marpa, o tradutor, que foi o seu Guru. O seu herdeiro espiritual foi Gampopa.

Mudra em Sânscrito é uma palavra que significa "Selo". Um Mudra é um gesto feito, por exemplo, com as mãos durante o ritual de uma prática e simultaneamente com uma visualização a fim de expressar a sensação de fazer uma oferenda ou algo similar. As divindades exibem vários mudras para representarem diferentes aspectos, como por exemplo a oferenda do Dharma ou a generosidade.

Natureza de Buda (*Sugatagarba* em Sânscrito; *bde gshegs snying po* em Tibetano) refere-se à natureza fundamental e verdadeira de todos os seres, que é livre de qualquer obscurecimento ou distorção, ou seja, a nossa verdadeira natureza e a verdadeira natureza de todos os seres, que é inseparável da natureza de Buda. Ela é a "bondade primordial" dos seres, a pureza primordial, inata e omnipresente.

Paramita / Seis Paramitas ou *Perfeições*. Elas constituem o caminho da prática de um Bodhisattva. Começam com a Generosidade, que para um Bodhisattva é essencial visto que a compaixão é a sua motivação principal. Cada Paramita dá origem à seguinte e a Sabedoria sustenta-as todas e trá-las para o nível transcendente de *Paramitas* que não é contaminado pelo apego ou outros estados negativos. As seis Paramitas são a Generosidade, a Ética ou Boa Conduta, a Paciência, a Diligência, a Meditação e a Sabedoria.

Patrul Rinpoche (1808 – 1887) foi um notável Mestre do Budismo Tibetano no século XIX. Grande académico e Mestre de Dzogchen que escreveu *O Caminho da Grande Perfeição*. Este livro é um clássico para a Escola Nyingma. Alguns dos mais importantes ensinamentos atuais da linhagem do Dzogchen e do Mahamudra vieram de Patrul Rinpoche.

Sadhana (*sgrub thabs* em Tibetano) literalmente significa "método de realização" e refere-se ao texto de uma prática ritual que pode ser seguido por um praticante que nele tenha sido iniciado. A estrutura típica de uma Sadhana começa habitualmente com a tomada de refúgio e o despertar da Bodhicitta. A parte principal da prática envolve a visualização e a recitação do mantra. Conclui-se a Sadhana oferecendo o mérito da prática a todos os seres sensíveis.

Samsara / samsárico (em Sânscrito; *kor wa* em Tibetano) refere-se ao estado de sofrimento da existência cíclica. Descreve o estado da mente que experimenta o sofrimento e a insatisfação, tanto grosseiros como subtis. Surge porque a mente está iludida e obscurecida e, portanto, perpetuamente condicionada pelo apego, a aversão e a ignorância.

Sangha é constituída por seres que têm experiência do Dharma. Pode ser uma pessoa ou um grupo de pessoas. Buda é a mais elevada Sangha porque tem a mais alta realização do Dharma.

Shamatha (em Sânscrito; *zhi gnas* em Tibetano) ou **Shiné** é a meditação da calma mental que consiste em acalmar e estabilizar a mente para a trazer para um estado de paz. Por vezes também é chamada de meditação da quietude.

Sravakayana (em Sânscrito) "o veículo dos que ouvem e escutam". Segue os ensinamentos comuns de Buda que constituem a base de todos os veículos Budistas. O Sravakayana inclui o termo Hinayana ou Pequeno Veículo, bem como Pratyekabuddhayana ou dos "realizadores solitários". A enfase destes caminhos é colocada na libertação pessoal dos sofrimentos do Samsara.

Sutra / sutras (em Sânscrito; *mdo* em Tibetano) são os ensinamentos dados pelo Buda Shakyamuni. Eles foram memorizados pelos seus discípulos e subsequentemente postos por escrito.

Sutrayana é uma das divisões da prática no Budismo Indo-Tibetano e segue os ensinamentos e as práticas baseadas nos Sutras (ver acima). A outra divisão neste sistema é o Tantrayana que segue os ensinamentos baseados nos Tantras. Por vezes considera-se o Sutrayana como um veículo "causal" porque o caminho que segue estabelece as causas da iluminação. Ver também *Tantrayana*.

Tantra (em Sânscrito; *gyu* em Tibetano) literalmente significa "continuidade" ou "fio contínuo" (da natureza pura da mente) que tudo atravessa. No Budismo também se refere à prática meditativa do Vajrayana que inclui recitação de mantras, visualizações e os textos que as descrevem.

Tantrayana é o veículo que segue o ensinamento dos Tantras e é sinónimo do Vajrayana ou Mantrayana, também chamado de "Veículo do Resultado" pois toma o resultado da iluminação, a verdadeira natureza da mente, como caminho. Ver também *Vajrayana e Sutrayana*.

Tendências habituais (*she ki drib pa* em Tibetano) a tradução literal do Tibetano significa "obscurecimento do conhecimento" e refere-se à nossa propensão para atuar ou reagir de maneiras que são reforçadas e influenciadas por ações do passado. Esta repetição vai-as enraizando em nós até se tornarem habituais.

Transmissão é o ensinamento direto da verdadeira natureza das coisas que vai para além de uma pura compreensão conceptual. Pode-se usar na comunicação um misto de meios conceptuais e não conceptuais. São referenciados três meios de transmissão: Oral, Simbólica, De mente a mente. Por estes meios, foram estabelecidas e mantidas as linhagens de realização.

Três Jóias referem-se ao **Buda** (como expressão da "Natureza Última"), ao **Dharma** (os ensinamentos e, portanto, o caminho para a liberdade ou realização da "Natureza Última") e a **Sangha** (a comunidade espiritual ideal que compreende e, portanto, pode dar apoio neste caminho). Estes três são considerados os objetos perfeitos nos quais se busca refúgio da natureza insatisfatória do ciclo de existências, ou samsara.

Tulku é o título dado a alguém que foi reconhecido como o renascimento (reencarnação) de um anterior Mestre ou Lama realizado.

Vacuidade (*Shunyata* em Sânscrito; *tong pa nyi* em Tibetano) Na segunda roda do Dharma, Buda ensinou que todos os fenómenos não têm, em si mesmos, uma verdadeira existência independente. As coisas só parecem existir como entidades independentes umas das outras por causa da maneira como nós, habitual e conceptualmente, as concebemos, mas em si todas as coisas são vazias de existência inerente. Tudo existe de forma interdependente. No livro *Como nuvens e Sonhos*, Ringu Tulku diz: "Vacuidade não quer dizer que não existe nada, mas refere-se à maneira como as coisas são, a maneira como se manifestam de forma mágica".

Nota do Editor: Ao longo da série Sabedoria do Coração usámos a palavra **discípulo** (na versão inglesa) para identificar as perguntas e debates dos membros da audiência. Isto não pretende implicar que o orador se identifique necessariamente como um discípulo do Budismo Tibetano ou de Ringu Tulku. Refere-se à forma como são "discípulos" nesta situação, ao fazerem uma pergunta para compreenderem melhor. Na versão portuguesa, optámos por usar simplesmente a palavra "pergunta".

Notas sobre as fontes

i Palestra Pública: *O Coração Inteligente – criando felicidade nas nossas vidas.* Oxford, Junho 2012.

ii Palestra Pública: *Meditação.* Londres, Maio 2009.

iii Curso do Shedra online sobre o Bodhicharyavatara, Ensinamento BA4_21-27: *Os sofrimentos do Samsara e a necessidade de aproveitar a oportunidade.* Dez. 2011.

iv Debate de perguntas e respostas com o Grupo de Tara Branca. Oxford 2012.

v Ensinamento: *Como transformar emoções em Sabedoria* Samye Dzong, Barcelona, Nov. 1997.

vi Tirado do livro "O Lama Preguiçoso contempla as Quatro Nobre Verdades" por Ringu Tulku.

vii Da *Oração de Aspiração do Mahamudra* pelo Terceiro Karmapa, Rangjung Dorje, como está no *Livro de Orações de Kagyu Monlam.*

viii Traduzido dos Sutras de Buda.

Agradecimentos

Como em qualquer livro, por muito pequeno que seja, muitos foram os que contribuíram para este texto. Desde os estudantes que organizaram as palestras, os seminários e os grupos de discussão em que foram dados estes ensinamentos, até aos revisores das provas e à equipe de publicação que ajudou no produto final. Obrigada a todos e cada um dos que tornaram este livro possível.

Obrigada à Margaret Ford que coordenou a equipe de publicação da série Sabedoria do Coração. Obrigado ao "White Tara Group" em Oxford por todas as reuniões e debates que produziram o formato deste livro. Obrigada à Anna Howard por organizar este grupo e pelos seus comentários e o prefácio deste livro. Obrigada a Jonathan Clewley por ler as provas iniciais do texto e pelas suas úteis sugestões e comentários. Obrigada a Cait Kollins pela citação da série Lazy Lama e também a Mariette van Lieshout pela leitura das provas do esboço final.

Obrigada a Rachel Moffitt pelo incalculável apoio administrativo da equipe de publicações e a Paul O'Connor por continuar a providenciar a paginação destes livros de modo a tornar os ensinamentos de Ringu Tulku acessíveis ao leitor. Obrigada aos organizadores dos ensinamentos que aqui usamos como conteúdo, particularmente o Dharma Convivium pelos ensinamentos de Londres. Obrigada aos organizadores do curso da Shedra online de onde uma secção foi aqui incluída, nomeadamente a Minna Stenroos.

Obrigada ao Robin Lipsey pelo uso do seu celeiro onde se reúne o White Tara Group. Obrigada às equipas de Holy Isle, na Escócia e de The Abbey, em Oxforshire, onde uma grande parte deste livro foi escrita e onde o bom ambiente ajudou o livro a tomar forma.

Finalmente e acima de tudo, obrigada a Ringu Tulku por, ao longo da via, nos providenciar incansavelmente com estes bondosos e pacientes ensinamentos e por todas as nossas viagens da cabeça ao coração. Que todos consigamos chegar!...um dia, de cada vez.

Mary Dechen Jinpa
Em nome das Bodhicharya Publications
Oxford, Abril 2013

Podem-se encontrar informações sobre o White Tara Group assim como outros grupos Bodhicharya na página de grupos www.bodhicharya.org, bem como outras informações sobre os ensinamentos do Shedra do Bodhicharyavatara online.

Sobre o autor

Ringu Tulku Rinpoche mestre budista tibetano da Escola Kagyu. Treinou-se em todas as escolas de Budismo Tibetano junto de muitos dos Grandes Mestres inclusive de Sua Santidade o 16º Karmapa e Sua Santidade Dilgo Kyentse Rinpoche. Recebeu a sua educação formal no Instituto Namgyal de Tibetologia, no Sikkim e na Universidade de Sânscrito Sampurnananda em Varanasi, na Índia. Escreveu livros escolares tibetanos e foi Professor de Estudos Tibetanos no Sikkim durante 25 anos.

Desde 1990 que viaja e ensina Budismo e meditação na Europa, América, Canadá, Austrália e Ásia. Participa em diferentes diálogos inter-religiosos sobre "Budismo e Ciência" e é o autor de vários livros sobre temas Budistas, entre os quais: *O Caminho da Budeidade, Passos Ousados, A Filosofia Ri-me do Grande Jamgon Kongtrul, A Confusão transforma-se em Sabedoria*, as séries *Lama Preguiçoso* e *Sabedoria do Coração*, bem como vários livros infantis que estão disponíveis em Tibetano e em algumas línguas europeias.

Fundou a Organização Bodhicharya – veja-se www.bodhicharya.org e Rigul Trust – veja-se www.ringultrust.org.

Para uma lista atualizada dos livros de Ringu Tulku em inglês, consulte a secção dos livros em

www.bodhicharya.org

As nossas competências profissionais são oferecidas gratuitamente para a produção destes livros e a Bodhicharya Publications é gerida por voluntários. Assim, os resultados da venda deste livro são usados para financiar outros livros e para projetos educativos e humanitários apoiados pela Bodhicharya.

Obrigado.

www.ingramcontent.com/pod-product-compliance
Lightning Source LLC
Chambersburg PA
CBHW041311110526
44590CB00028B/4323